朝日新書
Asahi Shinsho 799

女系天皇

天皇系譜の源流

工藤　隆

朝日新聞出版

はじめに

1

天皇について論じるのはとても難しい。明治以後の近代国家日本は、西欧近代合理主義を積極的に移入して形成された「近代化された表層」と、縄文・弥生時代以来の、自然との共生と節度ある欲望を核とする「アニミズム系文化の基層」とから成っている（工藤隆『深層日本論――ヤマト少数民族という視座』新潮新書、二〇一九年）。結論からいえば、その両者ともを視野に入れないかぎり天皇存在の本質は把握できない。しかし、天皇を論じる現代の研究者・評論家のほとんどは、その思考世界の主要部分を「近代化された表層」の側の知性・教養だけで構築しているので、天皇存在の本源である「アニミズム系文化の基層」に対する視点を欠いた分析になってしまっている。

ということは、西欧的合理主義による「近代化された表層」の知性による天皇制論は、どれほど緻密な分析がなされたとしても、天皇存在が秘める「アニミズム系文化の基層」に発する反（あるいは非）合理主義的な本質・価値にまで届くことができない。

ギリシャの場合、古代ギリシャ文明は現代のギリシャ国と直接に結びついていないので、たとえば世界的に有名なアクロポリスの丘のパルテノン神殿遺跡は、現代ギリシャ国にとってはほとんど観光資源以上のものではない。しかし、日本国の伊勢神宮は、特に六〇〇、七〇〇年代の古代国家建設時に国家と強い結びつきを持ったうえに、それ以後の平安時代、中世、江戸時代を経て存続し、西欧的近代化を受け入れたはずの明治時代においてはさらに国家との結びつきが強化されただけでなく、敗戦（一九四五年）後の民主主義日本においてさえも、新憲法の象徴天皇との強い結びつきを維持し続けている。日本国の場合は、伊勢神宮は、二十一世紀の近代国家日本においてさえ、今を生きる存在として機能しているのである。

これは天皇制そのものについても同じことであって、明治の大日本帝国憲法と同じく、民主主義時代の現日本国憲法においても、その第一章が「天皇」となっていることでもわかるように、六〇〇年代末の天武・持統政権時代に形を整えた古代天皇制は、同時に現代における近代国家日本とも緊密に結びついているのである。

しかし、明治以後の近代日本の資料に詳しい人々のほとんどは、『古事記』『日本書紀』など古代関係の史料については、日本語学、中国語文章体（漢文体）、神話、無文字文化、日本古代史学、考古学などについての最新の研究成果に裏打ちされた専門的な読み方の訓練を受けていない。逆に古代研究に強い研究者のほとんどは、明治以後の近代日本の諸資料に詳しくない。

また、古代史、古代文学研究の分野でも、本格的な文字史料は『古事記』（七一二年）、『日本書紀』（七二〇年）、『風土記』（七〇〇年代前期）しか存在しないので、それら以前の、無文字文化が基本だった縄文・弥生・古墳時代の日本列島の文化状況の具体像が、考古学的遺物を除いて、ほとんどわからない。『古事記』『日本書紀』の神話と、実際に生じた歴史事実との区別をつける意識が弱かった敗戦前までの日本では、神話と歴史を混同した古代像が、学校教育も含めて国家主導で国民に強制されるようなことが実際に起こった。

軍国主義ファシズムと結びついた敗戦までの天皇像が、神話を背負った古代天皇制に発していることを嫌って、天皇論にかかわる現代の研究者・評論家のほとんどは、日本古代論への言及を極力避ける、つまり棚上げしているようでもある。その結果、天皇存在をその古層で根拠づけている「アニミズム系文化の基層」の部分への目配りからもますます遠ざかることになる。

たとえば、平成期の天皇の「退位」問題が天皇自身の言葉で提起された（二〇一六年八月八日）ことにより、政府主導で「天皇の公務の負担軽減等に関する有識者会議」（二〇一六年十月十七日に初会合）が発足したが、この有識者たちの中に、日本古代史・日本古代文学の専門家は一人もいなかった。また、御厨貴（みくりやたかし）編著の『天皇退位 何が論じられたのか』（中公選書、二〇二〇年）には、平成の天皇の退位問題をめぐる四十五名もの論者の論考・発言が採録されているが、この中にも日本古代史・日本古代文学の専門家は一人もいなかった。つまり、現代の天皇論者は、明治の天皇制の範型を成す古代天皇制がスタートした天武・持統天皇政権についての歴史学的知識に関心を示さないばかりか、またそれ以前の縄文・弥生・古墳時代にまで遡る（さかのぼ）「アニミズム系文化の基層」と天皇存在との密接な関係に対する視点も欠落した状態で天皇制を論じているのである。

さらにいえば、象徴天皇制は日本の社会機構の基本構造にもなっているのだから、天皇論が本質に届かないということは、日本論そのものが本質に届かないことにつながる。

2

私は、縄文・弥生期以来のアニミズム・シャーマニズム・神話世界性の文化をまとめて「アニミズム系文化」と呼んでいるのだが、それらの文化資質にムラ社会性・島国文化性が混じり合ってできているのが、現代日本社会の基層部分である。これら神話・呪術といった反（非）リアリズム性の世界から成る基層部分と、近代合理主義とリアリズム（現実直視の眼）を主軸とする「近代化された表層」とが、つまり互いに相反する方向の二つのものが同時存在することによって成り立っているのが現代日本なのである。敗戦後の日本国憲法が、前文において国民主権を掲げていながら、その第一章が「天皇」となっていて、国民主権と相容（あいい）れないはずの、国民一般とは別次元の超越的存在としての天皇の存在を認めている矛盾もまた、その表れである。

このように、単純論理では把握できない天皇存在の本質に少しでも近づくために、以下、天皇のあり方を、行政王（行政権限行使力）、武力王（軍事行使力）、財政王（財政力）など現実社会的威力の面と、神話王（神話世界的神聖性）や呪術王（アニミズム系の呪術・祭祀（さいし）を主宰する）など文化・精神的威力の面とに分解して把握してみようと思う。すると、明治の近代化が行政王・武力王・財政王と神話王・呪術王を合体させた天皇制として進行したのは、すでに六〇〇年代末の天武・持統政権が創出したことの繰り返しだったということがわかる。

私が二十代（一九六〇年代）のころ、人々のあいだでは敗戦とその後の混乱状態の記憶はまだ生々しかった。東京で電車に乗れば、白い病衣を着た傷痍軍人が、アコーディオンを奏でながらほどこし金を求めて車両を移動してきたり、デパートの前には足を失った傷痍軍人が投げ銭を求めて座っていたりする光景さえまだ見られた時代である。当時の日本の知識人一般のあいだでは、つい直前まで軍国主義ファシズムと結びついていた天皇制に対する嫌悪感や憎悪感が支配的であった。また、天皇存在と密接に関係する伊勢神宮などの神社文化や、高天原神話によって天皇を神格化した『古事記』『日本書紀』、また「海行かば　水漬く屍　山行かば　草生す屍　大君の　辺にこそ死なめ　顧みは　せじ」（大伴家持、四〇九四歌）に典型的な天皇賛美精神で覆われた『万葉集』などに対しても、違和感・警戒感・反発感が漂っていた。

しかし、当時は、敗戦を経たにもかかわらず、右翼・保守系は依然として戦前の皇国史観を引きずっていて、誇大に美化されたヤマト観を温存していた。一方で、左翼・革新系は、天皇が新憲法のもとで行政王・武力王・財政王の側面をほとんど失って神話王・呪術王という文化王に特化した存在に変わったことを認識できずに、その文化王の側面も含めて天皇制を全否定あるいは忌避・無視したので、両者のあいだに天皇制とはなにかという本質論を深めるための対話は生じることがなかった。

このような状況を経て、四十代に入ったころの私は、天皇存在を論じるには、政治体制の側面（神格化された天皇存在はそれだけですでにファシズムと結びつきやすい）とヤマト的伝統文化継承の側面とに区別して分析する必要があるのではないかと感じるようになった。そのころはまだ、天皇存在を、行政王・武力王・財政王の面と、神話王・呪術王の面とに分解して把握するという視点までは持てていなかったのだが、『大嘗祭（だいじょうさい）の始原――日本文化にとって天皇とはなにか』（三一書房、一九九〇年）では、天皇文化は「超一級の文化財」「超一級の人間国宝」であると述べることのできる地点までは私の視野が広がったのであった。

天皇を、政治体制としての天皇制と文化資質としての天皇文化とに分けて把握する視点に関しては、三島由紀夫（みしまゆきお）の「文化防衛論」（初出一九六八年、『中央公論』中央公論社）が思い出される。三島はこの論文で「文化概念としての天皇」という視点を提示し、その中核に「宮廷の文化的精華」としての「みやび」を置いた。

みやびの源流が天皇であるということは、美的価値の最高度を「みやび」に求める伝統を物語り、左翼の民衆文化論の示唆するところとことなって、日本の民衆文化は概ね「みやびのまねび」に発している。（三島由紀夫『文化防衛論』ちくま文庫、二〇〇六年）

「みやび」といえば、平安時代の宮廷文化が思い出されるであろう。そこで、二〇一九年の令和の大嘗祭など皇位継承の諸儀式の報道においても、よく〝平安宮廷文化を見るような〟といった表現が用いられた。しかし、私の論理だと、三島の論理はさらに掘り下げられなければならない。その平安宮廷の「みやび」にはさらに本源的な源流があり、それは縄文・弥生時代以来のムラ段階社会の「民衆文化」の中にあったのである。

典型的には、宮廷文化を代表する和歌文化の源流は、歌垣などムラ段階社会の歌文化の中にあった。すなわち、それら「民衆文化」が国家段階にまで上昇して洗練されたのが天皇の宮廷文化だったのである。

本書がテーマとする天皇系譜の問題も、その源流をどこに置くかで、論じ方に大きな違いが出る。のちの本論で明らかにするが、皇位継承を男系かつ男子に限定するように明文化したのは、明治の大日本帝国憲法（一八八九年）が最初である。つまり、天皇位の男系かつ男子継承絶対主義は、よく言われるように「古来」の伝統なのではなく、その源流は、なんと近代の明治時代中期だったのである。

これものちの本論で明らかにするが、女性天皇は推古天皇（三十三代、在位五九二〜六二八年）以来もちろん可能だったし、大宝律令（七〇一年）の規定では、女系継承さえも許容の範囲に入っていたようである。それ以前の、縄文・弥生・古墳時代の大王・族長たち（のちに「天皇」という名称を与えられた）の継承はどうだったかといえば、どうやら男系（父系）と女系（母系）を組み合わせた柔軟なものだったようであり、この女系と男系がない交ぜになるあり方が大王・族長位継承の源流だったようである。

『古事記』『日本書紀』の天皇系譜は、唐皇帝の男系男子継承絶対主義のうちの、男系の部分だけには積極的に合わせようとしたと推定できるので、無文字時代の不確定な系譜伝承を含めて、男系継承の精神に合うように整理・編集されたものであろう。したがって、『古事記』『日本書紀』の天皇系譜からは、女系の痕跡は極力消されていると考えられる。

ということは、縄文・弥生・古墳時代の大王・族長たちの系譜について考えるには、文字で書かれた『古事記』『日本書紀』の天皇系譜の内側だけでなく、さらにその背後の無文字文化時代の、特に女系（母系）の系譜意識についてまで考える必要があるということになる。そのために、本書では、『古事記』『日本書紀』の天皇系譜に加えて、考古学資料、文化人類学の母系社会の系譜の調査資料も参考にして、日本古代における族長位継承の源流に迫ることにする。

女系天皇

――天皇系譜の源流――

目次

第六章　女性リーダーの存在　107

第七章　母系制民族の女系系譜の実態　143

終章　ヤマト的なるものの根源から天皇位継承について考える　211

*『古事記』は日本古典文学大系『古事記　祝詞』（岩波書店、一九五八年）、『日本書紀』は同『日本書紀』上・下（同、一九六七・六八年）、『風土記』は同『風土記』（同、一九五八年）、『続日本紀』は新日本古典文学大系『続日本紀』一～五（岩波書店、一九八九―九八年）を参考にした。

*引用文の傍線・傍点は原則として工藤が付けたものである。【　】、〔　〕、（　）内も、原則として工藤による補注。

*漢字を現代のものに改めたり、訓読文や現代語訳を一部変えたり、誤植を修正するなど、部分的に手を加えたものがある。また、韻文や一部の人名など特に必要なものを除いて、訓読文などには現代仮名遣いを用い、必要に応じて読み仮名を振った。

第一章　天皇位継承の古代と現代

男子天皇絶対化は明治から

大日本帝国憲法（明治二十二年〔一八八九〕二月十一日公布）の「第一章　天皇」の第一条は「大日本帝国ハ万世一系ノ天皇之ヲ統治ス」となっている。

この「万世一系」は、『古事記』『日本書紀』の高天原神話に源を持つ天皇系譜に依拠するものだが、その天皇系譜に初代神武天皇（大王）以来いっさい断絶が無かったとするのは、明治政府による新たな〝神話〟の創出である。古代天皇の系譜から二十一世紀の天皇位継承問題にまで視野を拡大する際には、①〈古代の古代〉（縄文・弥生・古墳時代）の時期のあり方、②〈古代の近代〉（七・八世紀）に入り古代天皇制国家の形ができあがった天武・持統天皇の七〇〇年前後の時期のあり方、③明治新政府によって女性原理的部分が排除された近代初頭のあり方、の区別をつける必要がある。①の〈古代の古代〉にまで遡る場合には、日本列島文化の、ヤマト的なるものの起源をより重視していることになる。以後やや詳しく論じるように、この時期には、男系（父系）と女系（母系）が併存しており、おそらく臨機応変に両者が使い分けられていて、大王（族長）位継承にもその性格は及んでいたと思われる。

それに対して、五〇〇年代くらいには大王位の男系優位観念が出始めたと推定され、さらに②の七〇〇年前後の時期になると、古代中国国家の皇帝制度の模倣が進んで男系優位観念が一段と強化されたと考えられる。国家体制の強化のためには当時の先進国家唐の皇帝の、男系男子継承主義のうちの、男系主義だけを選んで模倣するのが得策だという判断があったのであろう。

女性天皇は、すでに推古天皇（三十三代、在位五九二〜六二八年）、皇極天皇（三十五代、在位六四二〜六四五年）、斉明天皇（皇極天皇の重祚、三十七代、在位六五五〜六六一年）、持統天皇（四十一代、称制六八六〜六八九、在位六九〇〜六九七年）が存在していた。それだけではなく、大宝律令（七〇一年）施行後にあっても、元明天皇（四十三代、在位七〇七〜七一五年）、元正天皇（四十四代、在位七一五〜七二四年）、孝謙天皇（四十六代、在位七四九〜七五八年）、称徳天皇（四十八代、孝謙天皇の重祚、在位七六四〜七七〇年）、明正天皇（一〇九代、在位一六二九〜一六四三年）、後桜町天皇（一一七代、在位一七六二〜一七七〇年）と登場したのであるから、七〇〇年代初頭の唐の皇帝制度の模倣強化のあとでも、のちに触れるように、〈古代の古代〉以来の、女性リーダー（女族長、女酋、女性天皇）に違和感を覚えない伝統は生き続けていたのであろう。

しかし、大日本帝国憲法の第二条「皇位ハ皇室典範ノ定ムル所ニ依リ皇男子孫之ヲ継承ス」は、中国皇帝の男系かつ男子継承絶対主義の導入（模倣）を、憲法に明文化することによって絶対的規定としたのである。さらに、大日本帝国憲法と同年同日に交付された旧皇室典範でも、その第一条に「大日本国皇位ハ祖宗ノ皇統ニシテ男系ノ男子之ヲ継承ス」と明記することによって、明治国家は、女性天皇の登場を完全に排除した。

一九四五年の敗戦後には、日本国憲法が公布され（昭和二十一年〔一九四六〕十一月三日）、続いて新皇室典範が施行された（昭和二十二年〔一九四七〕五月三日）。このときには、民主主義社会が到来したのだから、皇位継承も、軍国主義強化時代の大日本帝国憲法の男系男子継承絶対主義を修正し、〈古代の古代〉に存在したと思われる、大王・族長位の女系併用の柔軟な継承形態に戻すべきだったのに、新皇室典範の第一条「皇位は、皇統に属する男系の男子が、これを継承する」は、旧皇室典範の「第一条　大日本国皇位ハ祖宗ノ皇統ニシテ男系ノ男子之ヲ継承ス」をそのまま継承してしまったために、二〇二一年の現在、皇位継承は危機的状態に到っている。

大宝律令ではより柔軟であった

のちにも述べるように、古代天皇制国家が本格的に始動したのは、天武天皇（四十代）とそれに続く持統天皇（四十一代）の政権の、六〇〇年代末のことであった。この時期の天皇位継承の理念を知るには、大宝律令（七〇一年、原文は養老律令〔七一八年〕からの推定）を見るのが必要不可欠である。

そのうちの継嗣令（皇族の継嗣や婚姻についての法令）には、次のようにある（井上光貞等校注『律令』〈日本思想大系 3〉岩波書店、一九七六年、による）。

凡皇兄弟皇子。皆為親王。女帝子亦同。以外並為諸王。自親王五世。雖得王名。不在皇親之限。〔凡そ皇の兄弟、皇子をば、皆親王と為よ。女帝の子も亦同じ。以外は並に諸王と為よ。親王より五世は、王の名得たりと雖も、皇親の限に在らず。〕

（およそ天皇の兄弟と皇子を、皆親王とせよ。女帝の子もまた同じ【女帝の子も親王とせよ】。それ以外はすべて王とせよ。親王より五世あとの者は、王を名乗ることはできるが、皇親〔こうしん。皇位継承有資格者〕とはしない。）

すなわち、この時代の一般的な認識は、天皇の子ならば男女を問わず親王として扱われ、いずれも天皇になる資格を持っているということだったのであろう。

ここで問題になるのは、「女帝の子もまた同じ」という注である。これは大宝律令施行時にも付いていたものかどうかはわからないが、少なくとも施行時からそれほど時を置かずに付けられたのではないか。要するに、七〇〇年代初めには、唐の皇帝位の男系男子継承の模倣が積極的に進められていたにしても、日本国では唐と違って女性天皇（「女帝」）は容認されていたので、日本国ではその女性天皇と夫とのあいだに生まれた〝女系の子〟も親王（皇位継承の資格を持つ）となれることをあえて律令に明示する必要が出たのであろう。

しかし、この「女帝の子もまた同じ」には、その女帝の子の父、つまり女帝の夫についての条件が書かれていない。これは、女帝の夫が男系の皇族だという共通認識があったからだという考え方がある。しかし、当時は女性天皇容認が当たり前の時代だったのだから、女帝の夫が男系の皇族でない人でも、とにかく女帝の子なら誰でも親王になれるという共通認識があったとも考えられる。

また、この注の解釈に疑義が生じるのを防ごうと考えたのなら、あえて〝女帝の夫が皇位継承有資格者（親王）あるいは一般皇族（諸王）の場合のみ、女帝の子もまた親王になれる〟といった文章にしたに違いない。そうなっていないということは、〝夫がどのような身分でも、女帝の子もまた親王になれる〟という意味だったと思われる。とすれば、大宝律令の時代には、女性天皇はもちろん、女系天皇も容認されていたという結論になる。

また、大宝律令（養老律令）の注釈を集めた『令集解（りょうのしゅうげ）』（八〇〇年代後半、黒板勝美・国史大系編修会編〈新訂増補国史大系〉吉川弘文館、一九七二年）の、この「女帝の子もまた同じ」についての三つの注の中でも、「古記」の説が女系天皇容認である。「古記」は七三八年成立という（『国史大辞典』国史大辞典編集委員会編、吉川弘文館、一九七九―一九九七年）。その「古記」の説は、「父（女帝の夫）が諸王（親王ではないので皇位継承資格が無い）であっても、（女帝とのあいだに生まれた子も）親王（皇位継承有資格者）とせよ（父雖諸王猶為親王）」というものである。

もちろん、七〇〇年代初頭には、時代の流れとして、天皇位継承自体は男系に傾いていたのだろうが、しかし、明治の大日本帝国憲法・旧皇室典範が「男系」だけでなく「男子」までを絶対化する規定を明文化したほどに硬直化してはいなかったのである。すなわち、奈良時代には、男系重視に傾いていたことは事実だとしても、女性天皇はすでに許容されていたし、さらに女系天皇も許容される余地を残していたことになる。これは、のちにも触れるヤマトの縄文・弥生以来の古層の〝女性原理〟部分の感覚が、天皇位継承においても生き続けていたことの証左であろう。

男系継承維持には側室制度が必要だった

付け加えれば、同じ大宝律令の後宮職員令（後宮についての規定）には、皇后（正室）一人の他に、「妃二員（四品以上）、夫人三員（三位以上）、嬪四員（五位以上）」の計九名を側室として置くことを規定していることに注目すべきであろう。これならば、「男系」という厳しい条件をつけても、皇位継承者が途絶えることはあまり深刻に考えなくてもよかっただろう。

事実、継体天皇（二十六代）から平成期の天皇（一二五代）までの一〇三名の生母についていえば、「皇后と中宮から生誕した嫡出子である天皇はあわせて二八人、女御、更衣、後宮の女官などの側室から生まれた天皇は七五人だった」（篠田達明『歴代天皇のカルテ』新潮新書、二〇〇六年）というように、側室からの天皇の誕生が約七十三パーセントを占めていた。

ただし、側室制度があったとしても万全でないことは、大正天皇（一二三代）の場合を見れば明らかである。『歴代天皇事典』（高森明勅監修、ＰＨＰ文庫、二〇〇六年）は、「明治天皇の后には子どもがなく、側室から生まれた皇子や皇女たちも次々に早世、ようやく一八七九年（明治十二）に愛子【柳原愛子、藤原氏系統の公卿 柳原家の出で、明治天皇に女官として仕えていた】から第三皇子・嘉仁【のちの大正天皇】が誕生した」と述べている。

さらに補っておけば、古代期には、現代の法律では禁じられている近親結婚も許容されていた。たとえば、天武天皇（四十代）についていえば、父親・母親を同じくする兄の天智天皇（三十八代）の娘四人（新田部皇女・大田皇女・鸕野讃良皇女＝持統天皇・大江皇女）を、妻としている。叔父と姪の結婚である。近代国家を選択したあとの日本では、ましてや民主主義社会となった現代日本では、天皇家だけに側室制度および近親結婚を許容することは、国民が支持しないだろう。

ともかく、大宝律令では、天皇位継承の「男系」重視（男帝だけでなく女帝も可としていたし、先にも見たように女系も可としていた可能性が高いが）の存続は側室制度と一体だったのである。にもかかわらず、明治の大日本帝国憲法・旧皇室典範は、大宝律令のように側室制度を明記しなかったうえに、「男系」だけでなく「男子」（天皇）までも絶対化したのであろう。

だから、いかに皇位継承という点で危険をはらんだ天皇位継承制度を採用したかは明らか

ただし、旧皇室典範第一条の「大日本国皇位ハ祖宗ノ皇統ニシテ男系ノ男子之ヲ継承ス」が確定する以前には、飛鳥井雅道（あすかいまさみち）『明治大帝』（文藝春秋、一九八八年、文春学藝ライブラリー、二〇一七年）が次のように述べているように、女系天皇を許容する考え方もまだ政府側に存在していたという。

明治十九年の三月か四月、伊藤【博文】のもとで立案されはじめた天皇の位置の規定の第一案と思われるものが、井上毅（いのうえこわし）【一八四四〜九五年】立案の書類中にふくまれている。

第一　皇位ハ男系ヲ以テ継承スルモノトス。若シ皇族中男系絶ユルトキハ、皇族中女系ヲ以テ継承ス。男女系各嫡ヲ先キニシ、庶ヲ後ニシ嫡庶各長幼ノ序ニ従フベシ。（『伊藤博文・秘書類纂・帝室制度資料』、『井上毅伝・資料篇』、ほか）

女帝を十九年に排除していないことは、第三皇子【のちの大正天皇】がはたして育つか、との不安が先行していた証拠と考えてよいだろう。

すなわち、側室制度が存在していたころの明治天皇の皇位継承でさえもかなりの危機が認識され、その克服のために「女系」を容認しようとする動きが存在したのである。また、飛鳥井『明治大帝』は、次のようにも述べている。

- 宮中は、京都御所から江戸城改め東京城に移っても、相かわらず公家と公家出身の女官が支配しているのである。廃藩の十日前、薩摩出身で戊辰戦争を戦いぬいてきた吉井友実が民部大丞から宮内大丞に転じたのが、西郷、大久保、木戸たちの準備行動だった。（略）公家出身の侍従たちを次々に罷免したあとを、薩摩、熊本、長州、土佐、越前からの倒幕派士族でかため、決定的な「女官総免職」は廃藩【明治四年（一八七一）七月】直後の八月一日だった。
- 侍従を基本的に武士でかためようとしたのは、西郷隆盛の主張だったという。登用された侍従たちは、それぞれ硬骨漢だった。
- 【明治天皇は】弱かった身体も、明治四年以後は急速に強健になった。六年三月には断髪し、公家的な、女性的なイメージもとりはらわれた。六年三月の断髪、化粧廃止と、四月の演習は内面的にも固く結びついていると思われる。

このように明治政府は、富国強兵の理念のもとに、「強兵」という男性原理的部分を強化することの反作用として、幕末までの天皇制のあり方のうちの女性原理的部分を徹底的に排除しようとしたのであり、その流れの中で、女性天皇も女系天皇もまとめて否定することになったのであろう。

また、旧皇室典範は第十条に「天皇崩スルトキハ皇嗣即チ践祚（せんそ）シ祖宗ノ神器ヲ承ク」として、生前譲位の可能性を否定した。さらに、第四十二条に、「皇族ハ養子ヲ為スコトヲ得ス」と明記した結果、茶道・華道ほかの家元制度に見られる、養子による系譜維持の道が閉ざされた。

ちなみに、大正天皇はみずから側室制度を選ばず、昭和天皇（一二四代）もそれを踏襲し、民主憲法下で即位した平成期（一二五代）および令和期の天皇（一二六代）はもちろん最初から一夫一婦制の中にある。

第二章　「古来」とはいつからか

初期天皇は存在が不確か

ところで、二〇〇〇年代に入って一気に表面化してきたのは、民主憲法下での皇位継承の困難さである。そこで小泉純一郎内閣のときに「皇室典範に関する有識者会議」が設置され、女性宮家の創設、女性天皇・女系天皇許容という方向性の提言を公表する一歩手前まで行った（二〇〇五年）。以下に、そのときの「皇室典範に関する有識者会議報告書」（二〇〇五年十一月二十四日）の「結び」を全文引用しよう。

象徴天皇の制度は、現行憲法の制定後、60年近くが経過する中で、多くの国民の支持するものとして定着してきた。我々は、古代から世襲により連綿と受け継がれてきた天皇の制度が、将来にわたって、安定的に維持されることが何よりも重要であり、また、それが多くの国民の願いであるとの認識に立って、検討に取り組んできた。

象徴天皇の制度は、国民の理解と支持なくしては成り立たない。このことを前提に、冒頭述べたように、制度の成り立ちからその背景となる歴史的事実を冷静に見つめ、多角的に問題の分析をした結果、非嫡系継承の否定、我が国社会の少子化といった状況の中で、古来続いてきた皇位の男系継承を安定的に維持することは極めて困難であり、皇位継承資格を女子や女系の皇族に拡大することが必要であるとの判断に達した。古来続いてきた男系継承の重さや伝統に対する国民の様々な思いを認識しつつも、議論を重ねる中で、我が国の将来を考えると、皇位の安定的な継承を維持するためには、女性天皇・女系天皇への途を開くことが不可欠であり、広範な国民の賛同を得られるとの認識で一致するに至ったものである。

検討に際しては、今後、皇室に男子がご誕生になることも含め、様々な状況を考慮したが、現在の社会状況を踏まえたとき、中長期的な制度の在り方として、ここで明らかにした結論が最善のものであると判断した。

ここでの提言に沿って、将来、女性が皇位に即くこととなれば、それは、近代以降の我が国にとっては初めての経験となる。新たな皇位継承の制度が円滑に機能するよう、関係者の努力をお願いしたい。

皇位の継承は国家の基本に関わる事項であり、これについて不安定な状況が続くことは好ましいことではない。また、皇族女子が婚姻により皇族の身分を離れる現行制度の下では、遠からず皇族の数が著しく少なくなってしまうおそれがある。さらに、将来の皇位継承資格者は、なるべく早い時期に確定しておくことが望ましい。このような事情を考えると、皇位継承制度の改正は早期に実施される必要がある。

当会議の結論が、広く国民に受け入れられ、皇位の安定的な継承に寄与することを願ってやまない。


ところで、この中に「古来続いてきた皇位の男系継承」という表現があるが、この「古来」とは、具体的には西暦何年くらいからを想定しているのか不明である。これに類する表現は、この報告書の「1．皇位継承資格（1）男系継承の意義等」の中の「皇位は、過去一貫して男系により継承されてきたところであり、明治以降はこれが制度として明確にされ、今日に至っている。」という一文にも見えている。「皇位継承資格を女子や女系の皇族に拡大することが必要である」と画期的な提言をしたこの報告書でさえもが、「皇位は、過去一貫して男系により継承されてきた」と断定しているところに、敗戦後の日本古代史研究の学界の到達水準と無縁な、知的停滞が見えている。

つい先日（二〇二〇年八月二十三日）も、河野太郎（こうのたろう）防衛大臣（当時）が、インターネット番組で、「安定的な皇位継承に向け、父方が天皇の血を引かない女系天皇も検討すべきだとの考えを示した」(「毎日新聞」二〇二〇年八月二十五日)という。政権側の閣僚が、女系天皇容認論を公表したということで、反響を呼んでいる。

「女性天皇」は、すでに述べたように、推古天皇(三十三代、在位五九二～六二八年)以来、江戸時代中期の後桜町天皇(一一七代)まで八名十代の実在例があるので、女性天皇復活に対する抵抗は比較的少ない。しかし、その「女性天皇」の夫が民間人の場合、二人のあいだに生まれた子供が次の天皇になれば、天皇家の血筋としては「女系」で継承されたことになる。これは、新皇室典範の第一条「皇位は、皇統に属する男系の男子が、これを継承する」の「男系の」という規定に反することになる。しかも、「皇位は、過去一貫して男系により継承されてきた」(「皇室典範に関する有識者会議報告書」)という考え方が絶対に動かせない真理であるかのように流布しているので、女系天皇絶対反対論者は、〝女系天皇は天皇制の本質を否定するものである〟と主張する。

女系天皇容認論を公言した河野太郎もまた、そのネット動画を確認すると「我が国の皇室は、過去ずっと男系で継承されてきており」という前提で話している。すると女系天皇絶対反対論者から見れば、〝女系天皇は天皇制の本質に反しているのに、そのことを認めたうえで女系天皇を容認するのは矛盾ではないか〟という反論が出てくる。

そこで私は、『古事記』『日本書紀』の天皇系譜の扱い方について、古代史研究の側から最先端の研究水準を示す必要があるとあらためて感じた。たとえば、日本古代史の専門家は、『古事記』『日本書紀』の天皇系譜について次のように考えている。

> 『古事記』『日本書紀』の記す「初代」神武から「二五代」武烈までの間には多くの実在しない天皇名が含まれていること、父から息子へという継承順序も鵜呑みにできないことは、現在の古代史研究では常識である。一つの血統による王位世襲は、五世紀末ごろまでは確立していなかった。六世紀半ばの「二九代」欽明のあとその子の敏達・用明・崇峻・推古が次々に王位についたことは、「右五天皇、他人を雑えること無く天下を治らすなり」（『上宮聖徳法王帝説』【六〇〇年代末から平安時代にかけて書き継がれた聖徳太子伝】）と特筆される事柄だったのである。（義江明子「女帝と女性天皇――八代六人の実像」歴史科学協議会編『天皇・天皇制をよむ』東京大学出版会、二〇〇八年）

神武から二十五代武烈までのあいだには多くの実在しない天皇名が含まれている、したがって「父から息子へという継承順序も鵜呑みにできない」という指摘が特に重要である。さらに、「一つの血統による王位世襲は、五世紀末ごろまでは確立していなかった」のであり、天皇氏族という「一つの血統」による「父から息子へという継承順序」はやっと六世紀（五〇〇年代）ごろから固まってきたのだろうと推測されているのである。

これから徐々に本書で論証していくが、記紀の初期天皇系譜については、次のように考えていくことが実態に沿ったものだろう。

①「天皇」という称号は、天武天皇（四十代）のころに採用され、『古事記』（七一二年）、『日本書紀』（七二〇年）編纂の時期に、天武以前の全大王（族長）にも冠せられたので、あたかも神武（初代）以来、「天皇」氏族が存在していたかのような錯覚を生じやすくなった。

②そのような中で、初期天皇については特に、無文字文化時代の口頭の物語によるものなので、その信憑性がいちじるしく疑われている。

③『古事記』『日本書紀』編纂のころは、当時の大先進国だった唐の、男系で男子に限るという皇帝位継承システムの模倣・移入が進められていた。しかし、日本国の

王には、すでに推古（三十三代）をはじめとして、皇極（三十五代）、斉明（三十七代、皇極の重祚）、持統（四十一代）、元明（四十三代）、元正（四十四代）と、女帝が存在していた。そこで、『古事記』『日本書紀』は、唐の皇帝継承の「男系」の部分のみを模倣することにした。その結果、おそらくは、②で述べたように信憑性がいちじるしく疑われる初期天皇系譜にまで、すべての継承が男系であったかのような整理（捏造を含む）をしたものと思われる。

④現代の古代史学界では、五〇〇年代くらいから男系継承に傾斜したと考えているようであり、したがって、「皇位は、過去一貫して男系により継承されてきた」（「皇室典範に関する有識者会議報告書」）のうちの「過去一貫して」の「過去」は、〝五〇〇年代くらいから〟と考えておいたほうがよいだろう。

⑤また、「一貫して」というのを〝すべて〟と解するのは危険である。『古事記』『日本書紀』の天皇系譜は、七〇〇年代初頭に、唐の皇帝位継承の「男系」の部分のみを模倣するという方針のもとに整理（捏造）されたものだから、女系継承が存在したにしても削除されたり改変されたりしているはずなので、全面的に信頼することはできない。したがって、〝七〇〇年代初頭の『古事記』『日本書紀』の記述をその

まま信じるという立場に立つかぎりでは、過去ずっと男系で継承されてきているように見える〞という言い方が穏当だろう。

「古来」という表現の曖昧さ

ところで、「皇室典範に関する有識者会議報告書」が国会に提出される直前に、当時官房長官だった安倍晋三（あべしんぞう）が、その発表の記者会見の席で、秋篠宮（あきしののみや）妃懐妊のメモを渡され、急遽（きゅうきょ）その場でその発表をとりやめて「改正論議は凍結する」と方針を切り替えたのだという（安倍晋三「民主党に皇室典範改正は任せられない」『文藝春秋』二〇一二年二月号）。

安倍は、この『文藝春秋』の自論で、「女性天皇が、天皇家以外の配偶者との間に生んだ子に皇位が引き継がれる、つまり女系への継承は、これまで一度も行われなかった」から女系天皇には絶対反対だと述べ、それは、「二千年以上にわたって連綿と続いてきた皇室の歴史」において「皇位はすべて『男系』によって継承されてきた」からであると述べている。

この安倍の論理でまず違和感を与えるのは、「二千年以上にわたって連綿と続いてきた皇室の歴史」という部分である。というのは、今から「二千年」前というのは、考古学が明らかにしてきたことからいえば弥生時代の中期であり、この時代にすでに「皇室」が存在していたというのは、ありえないことだからである。『魏志』倭人伝が伝える邪馬台国（クニ段階）の女王卑弥呼の登場でさえも、紀元後一八〇年くらいであるから、それより一八〇〇年以上前にすでに「皇室」が存在していたなどとは、少なくとも一九四五年以後の、科学的客観性が重視されるようになった日本の学問水準からみれば、ありえないことである。

考古学資料・文献史料また文化人類学的資料・民俗学資料という証拠に基づいて、科学的客観性重視の論理を組み立てることを怠っている人間が政治権力を握ると、大きな判断ミスを犯し、しかもそれを修正することもできずに破滅まで突き進んでしまうことがある。日本は、それが、一九四五年の破滅的敗戦として現実化した歴史を持っている。

軍国主義ファシズム時代の日本では、「皇室の歴史」は、紀元前六六〇年に始まることになっていた。それは、『日本書紀』の、神武天皇即位の辛酉年（西暦の紀元前六六〇年に当てはめた）を紀年の起点としたからである。この『日本書紀』に従った紀年を「皇紀」（正確には日本書紀紀年）と称し、明治政府が明治六年（一八七三）に公定したので、一九四五年の敗戦まで、この皇紀が採用されていた。この皇紀によれば、天皇政権は紀元前六六〇年に創始され、それが延々と続いて現代にまで到ったことになる。

しかし、『日本書紀』の紀年は十干十二支の六十年単位で書かれているだけなので、この六十年が西暦のどこに当てはまるかは、不確定なのである。このことについて『日本書紀』上（日本古典文学大系）の補注は、神武天皇即位の「辛酉年」は、辛酉の年に革命を想定する「辛酉革命（しんゆう）」に基づくものだとする那珂通世（なかみちよ）の学説を根拠にして、次のように述べている。

古今第一の大革命である人皇の代の始年に当る神武の即位をここ【推古天皇九年辛酉（六〇一年）から一二六〇年を遡る「辛酉」の年（紀元前六六〇年）】に置いたのである。その結果書紀の紀年は実際の年代よりいちじるしく延長され、不自然に長寿の人物を多く巻中に出現せしめた。

ちなみに、「二千年以上にわたって連綿と続いてきた皇室の歴史」（安倍）に関係する時期の『日本書紀』の「不自然に長寿の人物【天皇】」の没年齢を、初代から十三代まで列挙しよう。（　）内は、『古事記』による。

	日本書紀	古事記
神武（初代）	一二七歳	（一三七歳）
綏靖（二代）	八十四歳	（四十五歳）
安寧（三代）	五十七歳	（四十九歳）
懿徳（四代）	七十七歳	（四十五歳）
孝昭（五代）	一一三歳	（九十三歳）
孝安（六代）	一三七歳	（一二三歳）
孝霊（七代）	一二八歳	（一〇六歳）
孝元（八代）	一一六歳	（五十七歳）
開化（九代）	一一一歳	（六十三歳）
崇神（十代）	一二〇歳	（一六八歳）
垂仁（十一代）	一四〇歳	（一五三歳）
景行（十二代）	一〇六歳	（一三七歳）
成務（十三代）	一〇七歳	（九十五歳）

皇紀でいえば、神武生誕から孝安没までで五九五年経過（神武即位からなら五四四年）していることになるのだから、「二千年以上にわたって連綿と続いてきた皇室の歴史」というときの「二千年以上」では、次の「孝霊（七代）一二八歳」のどこかで皇室が始まったことになってしまう。しかし、安倍も神武天皇が初代だということは認めているはずだから、この「二千年以上」は不可解である。

いっそのこと、「二千年以上」などと六六〇年も短くせずに、正直に〝二六〇〇年以上〟と書けばよかったのではないか。ついでにいえば、今年二〇二一年は、皇紀では二六八一年である。

しかしながら、このような非科学的な皇国史観的天皇観は、安倍晋三政権時代の閣僚のあいだではかなり常識のように共有されていたようである。

たとえば、平成期の天皇の「退位」問題が、天皇自身の言葉で提起された結果（二〇一六年八月八日、「象徴としてのお務めについての天皇陛下のおことば」）、政府主導の「天皇の公務の負担軽減等に関する有識者会議」（二〇一六年十月十七日に初会合）が発足した。この有識者会議の「最終報告」（二〇一七年四月）は、「おわりに」の中に「皇族数の減少に対する対策について速やかに検討を行うことが必要であり」という一節を入れた。その結果、二〇一七年六月九日、天皇の退位を実現する特例法案が、衆議院に続いて参議院でも可決され、成立した。同時に、「女性宮家の創設等」を明記した安定的な皇位継承をめぐる付帯決議も採択された。しかし、その二日前の参院特別委員会の審議では、菅義偉（すがよしひで）官房長官（当時）が、「女性天皇」については「男系継承が古来例外なく維持されている重みをしっかり踏まえつつ、引き続き検討していく」と明言していた。やはりこの官房長官も、男系継承は「古来例外なく維持されている」と断言していた。

敗戦後の天皇制論のほとんどは、近代国家日本の「近代化された表層、アニミズム系文化の基層」（工藤『深層日本論』）のうちの「近代化された表層」からの分析である。しかし、戦前の軍国主義ファシズム時代の指導層の精神的な核は、実はこの「アニミズム系文化の基層」のマイナス面にムラ社会性・島国文化性のマイナス面が重なったものであり、それが現実政治の部分ではアジア・太平洋戦争への突入や、この戦争の早期終結の決断ができなかったことなど非合理的な政治行動として露出したのである。

また、報道によれば、財務大臣（当時）が、「二〇〇〇年にわたって同じ民族が、同じ言語で、同じ一つの王朝を保ち続けている国など世界中に日本しかない」（二〇二〇年一月十四日の麻生太郎記者会見）と述べたという。それに対して、新聞・テレビなどマスコミは「同じ民族」の部分に「アイヌ民族支援法」（二〇一九年五月施行）を用いた批判をしているだけで、「同じ一つの王朝」の部分に対する批判が見られなかった。

　ということは、新聞・テレビなどマスコミの記者たちの側が、「二〇〇〇年にわたって……同じ一つの王朝【皇室】を保ち続けている国」という点に対して、明確に批判を加えるだけの論理を持っていなかったということになるだろう。

　これは、特に男系・女系に注目していえば、『古事記』『日本書紀』で文字で固定化された天皇系譜に呪縛されて、『古事記』『日本書紀』以前の、無文字文化主流の時代の大王・族長の系譜についての考察が、古代史・古代文学の学界でほとんど見られないという現状が反映されているものと思われる。〈古代の古代〉の日本の、無文字文化主流の時代の王・族長の系譜が、男系だったか、女系だったか、あるいはその組み合わせの双系だったかについては、文献史料的には確実なことはだれにも言えないのである。にもかかわらず、その不確実な時期の系譜も男系だけだったと断定している人たちがいる。

　学界の側が、文献史料的には確かなことを言えないという学問的に抑制の効いた言い方をしているのは、これが研究者としての基本的なマナーだからである。わからないことをわからないとしておくことこそ、真理に対する謙虚な態度なのである。

また、「女性天皇めぐる議論」という特集が組まれた新聞での発言（「毎日新聞」二〇二〇年三月六日の「論点」という欄）の中の、自民党参議院議員（有村治子(ありむらはるこ)）の文章の中にも、「なぜ日本で、父方系の血統による皇位継承が、126代2000年以上もの長い間、一つの例外もなく続いてきたのかに思いをはせたい。」という一節があった。

こうあって欲しい願望に流される思考回路に注意

このように、「二千年以上」という数字や、男系継承が「一つの例外もなく続いてきた」ということが、呪文のように発せられ続けると、いつのまにか、これが真理だと思い込む人々が多数派になってしまうことになりかねない。ましてや、政権を掌握している側が、確かな証拠と他者からの批判に耐えうる論理とで思考する態度を放棄し、日本列島民族（ヤマト少数民族）のマイナス面の文化的伝統である「こうあって欲しい願望」（工藤『深層日本論』）に流され続けていると、その緩(ゆる)んだ思考回路が習い性となり、戦争・原子力発電所事故・大災害・感染症拡大といった肝腎な時に、決定的な判断ミスを犯すことになる。これは、代表的には、一九四五年の破滅的敗戦と二〇一一年の福島第一原子力発電所の深刻事故で実証済みである。私は、『深層日本論』で次のように述べた。

一九四五年の国家破滅や、二〇一一年の東京電力福島第一原子力発電所の重大事故が示すものは、日本社会が、〝こうあって欲しい願望〟に身を委ね、目先の利害を優先し、最後の破綻への想像力を欠き、破滅的結末を迎えてしまう思考形態を持っていることである。それは、日本文化の、特にムラ社会性・島国文化性の伝統のマイナス面に原因があるのだが、それを情緒的、情念的に下支えしたのがアニミズム系文化の部分であったとしてよい。

だとすれば、この思考形態に何らかのくふうをして改革を加えなければ、日本国は、いつかまた、国家破滅級の第三の悲劇を迎えることになるのではないか。

本書を執筆中の今、新型コロナウイルスが世界中で猛威を振るっている。日本国が、「〝こうあって欲しい願望〟に身を委ね、目先の利害を優先し、最後の破綻への想像力を欠き、破滅的結末を迎えてしまう思考形態」の人間、すなわち、確かな証拠に基づく科学的客観性重視の論理を軽視している人間に政治権力を握らせると、政治の面でも大きな判断ミスを犯して破滅まで突き進んでしまう可能性がある。

「〝こうあって欲しい願望〟に身を委ね、目先の利害を優先し」という部分は、裏返していえば、目前で起きつつあることについてその本質を第一にして何をすべきかを考えるのではなく、本質とは別の副次的なことを優先させて行動することである。今回の新型コロナ蔓延(まんえん)でいえば、すでに二〇二〇年一月末には新しい感染症が中国で発生していることがわかっていたのに、中国の国家主席の来日が決まっていたので、なるべく事を荒立てないようにしようということが理由だと思われるが、武漢および中国全土からの来日者を拒否するといった厳しい取り組みをするのが遅れた。また、新型コロナウイルスの日本侵入に対する防御行動が遅れていることを自覚していたのならば、せめて、来るべき感染蔓延に備えて、PCR検査拡大のための準備、一般医療と感染者医療の両立体制を整え、医療従事者用の防護具の手配、国民一般に向けたマスクの国内生産の増産などといった準備を高スピードで進めておくべきであったのに、そうならなかった。三月五日に中国主席の来日延期が決定して、やっと国の対策が本格的に動き出した印象である。また、東京都も、東京オリンピックが開催中止にならないようにと、なるべく新型コロナ被害を軽度に見せようとしたのだと思われるが、遅くとも三月二十、二十一、二十二日の三連休の前に厳しい対策を打ち出すべきだったのにそれをしなかった。東京都の対策も、三月二十四日に東京オリンピックの一年程度の延期が決定して、やっとのことで本格的に始動した。これらは、いずれも、感染症蔓延という大災害の本質ではなく、「目先の利益」つまりは副次的都合を優先させた結果である。

本書の執筆最終段階の十二月には、新型コロナ感染の、第一波、第二波をはるかに上回る第三波が日本列島を覆い始め、北海道・大阪府による自衛隊医療班出動要請に象徴されるように、全国規模での医療崩壊の現実化が見え始めた。その原因には、PCR検査を含む医療体制整備の遅さ、コロナ菌にとって有利な寒冷期に入ったことなどに加えて、政府による、人々に全国規模での積極的な移動を促す「Go Toトラベル」、および人々に会食という最も感染しやすい機会を増やすよう促す「Go Toイート」キャンペーンがあったと思われる。二〇二〇年四月七日に閣議決定された「『新型コロナウイルス感染症緊急経済対策』について」という文章には、「Go Toキャンペーン（仮称）として、新型コロナウイルス感染症の拡大が収束した後の一定期間に限定して、官民一体型の消費喚起キャンペーンを実施する」と明記されていた。しかし、政策決定者の意志にここでも「こうあって欲しい願望」に身を委ねる習性が働いて、〝短期間で収束して欲しい〟という願望だったはずのものがいつのまにか〝まもまく収束するに違いない〝という楽観的な結論に変じ、まだ「新型コロナウイルス感染症の拡大が収束」していないにもかかわらず、なんと早々と七月二十二日から運用が開始されてしまったのである。

しかし、これから先、仮にワクチンの早期開発などいくつかの幸運が重なったとして、新型コロナウイルス感染が敗戦、原発事故に続く「第三の悲劇」にまで至らずに収束するといった、「こうあって欲しい願望」どおりの進行になった場合には、それは、辛うじて日本の基層文化のプラス面が力を発揮したからだということになるのだろう。私は『深層日本論』で次のように述べた。

東日本大震災では、あれほどにすさまじい被害が出ているのに、商店略奪、暴動、支援品強奪といったことがほとんど起きず（火事場泥棒的な窃盗・詐欺などはいくぶん生じたようだが）、また被災者たちも力を合わせて助け合い、辛抱強く苦難に耐えていたことに対して、世界各国から称賛の声が上がった。

日本人のこのような資質は、色濃く継承されてきている縄文・弥生期以来のアニミズム系文化およびムラ社会性・島国文化性のうちのプラス面の発現である。このプラス面は、縄文・弥生期的なムラ社会の秩序観に、古代中国から流入してきた儒教・仏教などの価値観・道徳観がヤマト文化本来のアニミズム系文化で和らげられて融け込むことによって形成されたものである。

国民皆保険制度が富裕層でない感染者でも病院に行きやすい条件を作っていたり、幕末から明治にかけて日本にやって来た欧米人の日記が記録しているように、日本人は伝統的に清潔好きで、衛生観念も高かったようであり、また家の中には履物を脱いで入り、そのうえマスクをつけることにあまり抵抗を感じないなどのことが、新型コロナウイルスの爆発的感染をぎりぎりのところで食い止めているのかもしれない。そして、「縄文・弥生期以来のアニミズム系文化およびムラ社会性・島国文化性のうちのプラス面」が発揮されて〝世間の目〟による抑制が働いた結果、感染抑え込みのための外出自粛や休業要請が、軍や警察が銃で脅したり、罰金を科したりするまでのことをしなくても、ある程度までは国民の多数の部分で自発的に守られたことが、効果を発揮したことになるだろう。しかし、同書で次のようにも書いた。

一方で、アニミズム系文化およびムラ社会性・島国文化性には、合理的思考を遠ざけ、自分の所属する共同体の内側の価値観だけに引きこもる傾向があるというマイナス面がある。このマイナス面が、国際社会との関係作り、他国との戦争や、核物質という制御がいちじるしく困難なものとのかかわりというような、最もリアリズムの眼が求められる局面においては、悲劇的な結末（たとえば一九四五年の敗戦や二〇一一年の福島第一原発の爆発事故など）を招来することがある。

今ならば私は、この「制御がいちじるしく困難なもの」の中に、「核物質」だけでなく、感染症の世界的流行（パンデミック）も加える。

話を元に戻せば、「二千年以上にわたって連綿と続いてきた皇室の歴史」といった日本古代像が定着してしまう前に、本書では、文献史料的には確かなことがわからない時期の系譜の問題について、文献史料、考古学資料に、新たに文化人類学的資料・民俗学資料も加えて迫ってみようと思う。できるかぎり確かな証拠をもとに、できるかぎり客観性を持った論理を積み上げるという姿勢で、『古事記』『日本書紀』以前の、つまり無文字文化時代の大王・族長の系譜の問題に分け入ってみることにする。

第三章　〈古代の古代〉と〈古代の近代〉

モデル理論で文献史料以前に迫る

無文字文化主流の時代の大王・族長の系譜について、文献史料的に確実なことが言えないという点に対する態度は、①史料が無いのだからこの部分については言及しない（棚上げにする）、②数少ない文献史料と文化人類学的報告（たとえばのちに紹介する母系に発する中国少数民族ワ族の系譜の調査報告など）、民俗学資料および縄文・弥生・古墳時代の考古学的資料を組み合わせて、できる範囲で客観的な推定をする、③確かな根拠を示すことなく恣意的な像を描く、という方向性の違いがある。

現在の日本古代史および日本古代文学の学界の基本的態度は、①の「棚上げにする」である。戦前の皇国史観思想では、③の「恣意的な像を描く」であった。それに対して私は、②の「できる範囲で客観的な推定をする」という立場である。

私は、この②の立場に用いる方法をモデル理論と呼んでいる。主として中国などの辺境に縄文・弥生期とほとんど変わらない状態で生活してきた民族の、無文字文化のことば表現や、呪術・祭祀などの実態を調査して得られた資料を手がかりにしてモデルを作り、そのモデルから日本最古の本格書物『古事記』（七一二年）以前の日本列島文化を、ホログラフィーのように浮かび上がらせる方法である。

文化人類学・民俗学や考古学の資料を素材として、できるかぎり正確ないくつかの情報をインプット（投入）し、それらを統合した一つの立体像をレーザー光線で浮かび上がらせるホログラフィーの手法である。立体像はそこに浮かび上がるのだが、その部分に手を差し入れても実体はない。したがって、このホログラフィー手法によって浮かび上がってくる〈古代の古代〉像は、あくまでも一種の仮想現実としての像である。しかし、立体像がまったく無い状態や、あっても歪んだ立体像を思い浮かべたり、あるいはまったく無根拠の妄想的立体像を描いているのに比べれば、まだましであろう。

ただし、モデル作りの素材としては、中国の長江（揚子江）南・西部の諸民族の文化資料が最も適している。なぜなら、この地域は日本列島と同じアジアであると同時に、かつて水田稲作そのほかさまざまなものを日本列島に伝えた源にあたる地域だからである。また、海幸山幸神話ほか『古事記』神話のいくつかがインドネシア神話と関係があることもわかっているので、日本列島の〈古代の古代〉の文化の把握には、インドネシア地域の諸民族の文化を知ることも必要である。さらに、ミクロネシアやポリネシアの島々の文化は、インドネシア地域とつながる文化圏の中にあるので、これらも資料として用いる必要がある。

また、北アメリカのインディアンや南アメリカのインディオは、ベーリング海峡を経て紀元前一万年ごろにアジアから移動して行った人たちではないかと言われているし、人種的にもモンゴロイド系なので、彼らの文化もときには資料として用いることができる。

しかし、アフリカ文化や北欧文化やギリシャ文化などについては、距離が離れすぎていて日本列島との実態的な交流を想定しにくいし、人種（モンゴロイド）としての共通性も無いので、日本列島の〈古代の古代〉の文化との関係ではあまり重視しない。

しかし、このモデル理論には、宿命的にいくつかの反論が生じてくる。

その第一が、たとえば私が調査した中国雲南省ワ（佤）族の資料は、あくまでも二十世紀末のものなのだから、それをモデルにして日本の〈古代の古代〉を推定することはできないという反論である。これについては、まずはその通りだと認めざるをえない。そのうえで、しかし、たとえば秘境で石器時代そのままに生活していた民族が二十世紀になって発見された例がいくつもあるように、二十・二十一世紀に石器時代社会がいわば〝生きた化石〟として存在していることがある。私が調査した長江流域少数民族社会も、つい近年まで（中国で改革開放が一気に加速された二〇〇〇年代以前）、近代文明との接触が薄く、まるで〝生きた化石〟のように、縄文・弥生・古墳時代を思わせるような生活を営んでいた。したがって、ホログラフィーのためにインプットする素材としては、かなり実態に近いものである可能性が高いのではないか。

第二の反論は、長江流域の諸民族が、〈古代の古代〉の日本列島民族と直接に結びついていたとする確かな証拠は無いという指摘である。これもその通りで、紀元前何年に、あるグループの人間たちが、粗末な船など何らかの手段を使って海を渡り、水田稲作用の稲を携えて、九州のある地域に辿り着いた、などという記録はいっさい無いからである。

しかし、長江流域諸民族の文化と日本列島民族の文化とのあいだには、かつて実態としての交流・伝播関係が存在したとする有力な指摘がある。その代表的な一例を挙げると、照葉樹林文化としての共通点である。

照葉樹とは、カシ、シイ、クスノキ、タブ、ツバキ、サザンカ、サカキ、ヒイラギなど、葉に厚みとつやがある濃い常緑の樹木のことであり、植物学者の中尾佐助は次のように述べている。

照葉樹林文化の成立したのは西はヒマラヤ南面の中腹から、シナ南部、日本本州南半部にわたる地域で、そこは大部分が山岳地帯で、広大な大平野はほとんどないといってもよい地帯である。（略）茶と絹とウルシ、柑橘とシソ、それに酒などがその代表的文化遺産である。（『栽培植物と農耕の起源』岩波新書、一九六六年）

また中尾は同書で、ワラビ、コンニャク、ヤマノイモ、カイコ、ムクロジ、ヤマモモ、ビワその他の共通点も挙げている。文化人類学者の佐々木高明も次のように述べている。

> またサカキ・オガタマノキ・シキミ・ユズリハ・ヒイラギなど、古来、神事などの宗教行事に用いられてきた樹木がすべて照葉樹であることなども考え合わせると、我々日本人の伝統的な信仰（カミ信仰）が、こうした照葉樹の森と深く結びついて伝承されてきたことがよくわかる。照葉樹林ないし照葉樹林文化を考える背景には、こうした日本人の信仰の問題、心の問題が存することも無視できない。（『照葉樹林文化とは何か』中公新書、二〇〇七年。（ ）内原文）

この照葉樹林文化帯に属する長江流域の少数民族の多くは、共産党政権中国が改革開放政策に転じる一九八〇年代以前には、縄文・弥生・古墳時代の日本列島民族とよく似た生産段階の生活形態を維持していたようである。

それら少数民族社会には、中尾が挙げた「茶と絹とウルシ、柑橘とシソ、それに酒」またワラビ、コンニャク、ヤマノイモ、カイコ、ムクロジ、ヤマモモ、ビワなどのほかにも、焼き畑、水田稲作、もち米、麴酒（こうじ）、納豆、なれずし、高床式建築、身体尺、鵜飼（うか）い、歌垣（うたがき）、独楽（こま）回し、闘牛、相撲、下駄など、日本とも共通の多くの文化習俗が見られる。

さらに、この地域の少数民族社会の文化の特徴は、日本古代文化と同じく自然と密着した精霊信仰（アニミズム）とそれを基盤にした原始呪術（シャーマニズム）であり、キリスト教、イスラム教、仏教が入った場合でも、アニミズム、シャーマニズムの側に引き寄せて変形させてしまっている。これは、ヤマト族（日本列島民族）が五〇〇年代から仏教を移入しつつも、その仏教を、長い年月をかけて、精霊信仰（アニミズム）と原始呪術（シャーマニズム）の側に引き寄せて変形させてしまった歴史と共通している。

長江は上海（シャンハイ）・寧波（ニンポー）あたりで東シナ海に注ぎ、そこからさらに七〇〇キロメートル余りを東に進めば奄美大島に、さらに北上すれば屋久島・種子島そして九州に辿（たど）り着く。黒潮に乗り、風向きも北や東に向いていれば、粗末な小型船でも比較的短期間で九州に辿り着いたこともあったのではないか。縄文・弥生期の約一万三千年間のうちに、陸路を北上して山東半島あたりから朝鮮半島南部へ、さらにそこから九州へといった経路も含めて、長江流域から人の移動が何回かあり、そのときにその人たちの文化習俗が日本列島に流入して定着したという想定が充分に可能だと思う。

とすれば、長江流域の少数民族文化は、日本の縄文・弥生期の社会形態、文化状態を推測するための大きな手がかりになるのではないか。

二十世紀に入って月に到達した宇宙船は、月には生物の痕跡も先人たちが夢想した何ものも無いことを報告したが、それとは違ってアジア辺境の少数民族文化には、私たちが想像していたものより遥か(はる)に豊かで魅力的な歌垣や創世神話や祭祀・呪術が残っていた。私はそれらを「生身(なまみ)の世界遺産」と呼んでいるのだが、この貴重な文化遺産を、『古事記』『日本書紀』の特に初期天皇系譜の分析に援用する試みをしてみようというのが本書の意図である。

〈古代の古代〉と〈古代の近代〉に分ける

日本古代という言葉が結ぶ像は、ある人にとっては飛鳥(あすか)時代(五九二〜七一〇年)、奈良時代（七一〇～七九四年）だけであり、ある人にとっては、さらに平安時代（七九四～一一八五年）も加えた期間である。しかし、いずれの場合でもそれら以前にも日本列島には歴史があったのだから、石器時代くらいから縄文時代（紀元前一万三〇〇〇年くらい～同八〇〇年あるいは同三〇〇年くらい）を経て弥生時代（紀元前八〇〇年あるいは同三〇〇年くらい～紀元後三〇〇年くらい）そして古墳時代（紀元後三〇〇年くらい～五〇〇年代末）までを視野に入れる必要があるのは当然である。

そこで私は、ある程度の社会秩序を持った段階と限定して、縄文・弥生・古墳時代の時期を〈古代の古代〉と呼んでいる。そして、六〇〇年前後～奈良時代（七一〇～七九四年）を、私は〈古代の近代〉と呼び、この二つの古代を合わせた、合計約一万四〇〇〇年弱くらいを日本古代だとしている。

このうちの〈古代の近代〉は、先進の大陸国家の影響を受けて古代なりの近代化が進行した時期であり、国家体制が整備され、また政府中枢での文字（漢字）使用が普通になった段階である。中央政府、中央都市（都）、法律、官僚制度、戸籍、徴税制度、軍事組織などが整い、中央政府の指示を文字で書かれた文書によって地方にまで伝達することができるようになった段階である。

ところが、〈古代の古代〉にはまだ国家の成立がなく（弥生時代の邪馬台国などは前国家段階なので私は〝クニ〟と呼んでいる。また「邪馬台」は「ヤマタイ」ではなく「ヤマト」と訓むべきであることについては、『深層日本論』で詳しく論じた）、しかも豪族などの上層部でも文字はほとんど用いられていなかったようなので、日本列島側の自前の文献史料がほとんど無い。したがって、〈古代の古代〉の日本列島の文化状態を推測するには、考古学の発掘による遺跡・遺物を手がかりにするか、中国国家が残した『漢書』『魏志』倭人伝そのほかの漢字書籍に頼ることになる。

中国大陸には、紀元前千数百年以来、殷・周その他さまざまな国家が形成されており、紀元前二二一年には統一国家秦が登場し、そのあとに前漢・後漢が続いて紀元後五〇〇年代末には隋（五八九～六一八年）、そして、六〇〇年代初頭には唐（六一八～九〇七年）が成立した。日本の〈古代の近代化〉は、この隋・唐から、国家段階の先進文化を積極的に移し入れることで進行した。

遣隋使・遣唐使を派遣して先進文化を移し入れた

古代ヤマト族（日本列島民族）は、当時の中国国家の側から見れば「蛮夷」（少数民族）

であった。少数民族は、一般的に「独自の国家を形成しないか、形成しても弱小国家である」（『深層日本論』）という特徴を持っているのだが、古代日本列島民族（古代ヤマト族）は、海という防御壁のおかげで大陸国家からの直接の侵略を受けず、一方で、遣隋使・遣唐使を派遣して隋・唐から当時なりの先進文化を移入することができたので、六〇〇、七〇〇年代には、縄文・弥生時代以来の低生産力段階の土着文化を温存しつつ古代国家を樹立することができた。

当時の大王・族長（『古事記』『日本書紀』は彼らをすべて「天皇」という号で記述した）など権勢集団は、大陸国家の先進文化の移入に力を注いで本格的な国家体制を整え、古代なりの〈近代化〉を推進していった。

大和朝廷は、六六三年の朝鮮半島白村江（はくそんこう）での敗戦以後は、大陸国家からの侵略の危機を実感して、大陸国家と対抗できる体制を構築する必要に迫られた。その結果、国家運営のための実用的知識・技術と、文化全体を国際水準に合わせて高めていくための知識・教養・思想などを、当時の先進国である唐から移入する道を選択した。

大陸国家との関係は、すでに三十三代推古（すいこ）天皇時代の六〇〇年、六〇七年に遣隋使を派遣していたし、六三〇年には第一回遣唐使を派遣していた。その後、六五三年、六五四年、六五九年にも派遣した（以下も含めて、遣隋使・遣唐使についての知識は、主として上田雄『遣唐使全航海』草思社、二〇〇六年、による）。六六三年の白村江での敗戦後も、六六五年には遣唐使を復活し、六六九年、七〇二年、七一七年、七三三年、七五二年、七五九年、七七七年、七八〇年、八〇四年、八三八年と、計十五回派遣している（派遣回数については、さらにまだ複数回あったという説もある）。

白村江の敗戦

〈古代の近代化〉を本格化させた第一の契機は、六六三年の白村江での敗戦にあった。六六〇年に百済が唐・新羅連合軍に滅ぼされたので、大和朝廷は大規模な援軍を送って白村江で戦ったが、その海戦で完敗した。その結果日本側は、次は唐・新羅連合軍が日本列島に攻め込んで来るだろうと、危機感を募らせた。そこで大和朝廷側は、壱岐・対馬や九州北部沿岸に防人（東国を中心に諸国から動員された兵士）を配置したり、敵の来襲を少しでも早く都に知らせようと各地に烽（のろし台）を作ったりした。また、対馬から畿内までの西日本の各地に朝鮮式の山城を築き、現在の福岡県には水堀を使った水城も築いた。福岡県の大野山山頂部（標高四一〇メートル）には山城の大野城を築き、現在の佐賀県の基山（標高四〇五メートル）にも山城の基肄城を築いた。

しかし、朝鮮半島では、唐が六六八年に高句麗を滅ぼしたのを見た新羅が、朝鮮半島を自力で統一しようと政策転換をし、六七六年には唐の勢力を朝鮮半島から追い出した。その結果、新羅は今度は大和朝廷との関係を修復しようとする姿勢を見せ始めた。一方で日本国では、壬申の乱（六七二年）に勝利して即位した天武天皇（四十代）によって、国家体制の整備が進められ、〈古代の近代化〉が本格的に進行し始めた。

天武・持統天皇政権下で日本的統治機構がスタート

天武天皇は、国力を強めるために中央集権体制の強化を推し進めていった。天武没後は皇后（四十一代持統天皇）が天武時代の諸政策を継承し、全国的な戸籍（庚寅年籍）に基づく人民支配を可能にした。六九七（文武元）年、持統天皇は孫の軽に位を譲り、文武天皇（四十二代）が即位した。持統は最初の太上天皇として大宝律令を完成させた（大宝元年〔七〇一〕）。その翌年、天智天皇（三十八代）の末年以来とだえていた遣唐使を再開した。持統は、七〇二（大宝二）年十二月に五十八歳で没。

律令制は、天武天皇十年（六八一）二月の詔「朕、今より更律令【飛鳥浄御原令か】を定め、法式を改めむと欲う。故、倶に是の事を修めよ。然も頓に是のみを務に就さば、公事闕くこと有らむ。人を分けて行うべし。」によって本格的に開始された。それが、持統天皇になっても継承され、次の文武天皇大宝元年（七〇一）に、「三品刑部親王、正三位藤原朝臣不比等（略）らをして律令【大宝律令】を撰び定めしむること、是に始めて成る。」（『続日本紀』）とあるように、大宝律令が完成したのである。

なお、天武天皇は、武力面での強化にも力を注いだ。義江明子は『天武天皇と持統天皇――律令国家を確立した二人の君主』（山川出版社、二〇一四年）で次のように述べている。

【壬申の】乱を武力で勝ちぬいた天武は、支配層の共通課題を担い、対外的脅威をも利用しつつ、あらたな国家体制の構築に乗りだす。その第一の課題は、強力な統一的軍制の創出だった。（略）六八四（天武十三）年閏四月、天武は「凡そ政の要は軍事なり」として文官・武官すべてに武技と乗馬の習練を厳しく命じた。軍国体制の宣言である。

また、天武天皇は、道教を積極的に導入した。道教は、当時としては宗教というよりも、科学技術のように見えていたことだろう。天武天皇即位前紀に「【天武天皇は】天文・遁甲【一種の占星術】に能し。」とあり、天武天皇元年（六七二）六月には、「横河に及らむとするに、黒雲有り。広さ十余丈にして天に経れり。時に、天皇異びたまう。即ち燭を挙げて親ら式【陰陽道の呪具（筮竹）】を秉りて、占いて曰わく、『天下両つに分れむ祥なり。然れども朕遂に天下を得むか』とのたまう。」とある。また、天武四年（六七五）正月条には、「【五日に】始めて占星台を興つ。」ともある。

ヤマト的文化の積極的保護・育成

しかも、天武・持統政権は、律令制や道教など外来の実利的組織運営術や科学技術などを積極的に移入する一方で、ヤマト古来のアニミズム系文化の保護・育成にも積極的に取り組んだ。

まず、斎宮（いつきのみや、さいくう）制度の本格的整備を開始したようである。

斎宮とは、天皇の即位ごとに選ばれて伊勢神宮の祭祀に奉仕した未婚の内親王（天皇の姉妹あるいは皇女（娘））または女王（じょうおう、天皇の遠戚の女性）のことである。これは、邪馬台国の卑弥呼や、クニ段階の各地に存在した女性リーダーの延長線上に位置づけられる制度であった。

天武天皇二年（六七三）四月条の「大来皇女【天武天皇の娘】を天照太神宮に遣侍さむとして、泊瀬斎宮に居らしむ。」、次いで翌三年（六七四）十月条の「大来皇女、泊瀬斎宮より、伊勢神宮に向でたまう。」という記事がそれを示している。

斎宮の起源としては、十代崇神天皇紀六年に、宮中の天照大神を豊鍬入姫命に託して倭笠縫邑に移したとあり、また、十一代垂仁天皇紀二十五年に、倭姫命が伊勢の五十鈴川のほとりに天照大神を祀る祠を建てたとする伝承がある。また、『日本書紀』の景行（十二代）・仲哀（十四代）・雄略（二十一代）・継体（二十六代）・敏達（三十代）・用明（三十一代）・推古（三十三代）諸天皇の記事にも斎宮が登場している。

さらに、天武天皇政権は、ヤマト伝統の歌や舞などの保護・育成にも力を入れた。ヤマト伝統の歌曲は、天語歌・宇岐歌・志都歌ほか八千矛の神の「神語（かむこと）」など、『古事記』だけでも二十例近くが登場する。これら歌曲名が明示された一漢字一ヤマト語音表記の歌群は、いずれも雅楽寮（七〇一年設置の音楽官庁、うたまいのつかさ・うたのつかさ・うたりょう）に伝えられてきた楽曲だったのだろう。

天武天皇四年（六七五）二月
大倭・河内・摂津・山背・播磨・淡路・丹波・但馬・近江・若狭・伊勢・美濃・尾張等の国に勅して曰わく、「所部の百姓の能く歌う男女、及び侏儒・伎人を選びて貢上れ」とのたまう。

この記事や、次に引用する天武天皇十四年（六八五）九月条の記事でわかるように、天武天皇政権が、現在の愛知・岐阜・三重・奈良・大阪・京都・滋賀・兵庫・福井などの地域から、歌の上手な男女や、滑稽芸を演じるこびと・わざひとなどを中央に集める政策をとっていたこと、また、歌や笛の技術の継承を積極的に推進していたこともわかる。

天武天皇十四年（六八五）九月
詔して曰わく、「凡そ諸の歌男・歌女・笛吹く者は、即ち己が子孫に伝えて、歌笛を習わしめよ」とのたまう。

さらに、『古事記』「序」から推測するところでは、天武天皇は、ヤマトの神話伝承にも強い関心を示したようである。

「序」の、『古事記』の編纂が天武天皇の直接命令によるものだとする記述は、『日本書紀』など諸史料にはいっさい見えないが、「天武天皇紀」十年（六八一）条に、天武天皇が「……に詔して、帝紀及び上古の諸事を記し定めしめたまう。」とあるので、天武天皇の何らかの「詔」は存在したのだろう。ともかく、「古」「上古」「先代」に至高の価値を見いだす太安万侶が、『古事記』は天武天皇の直接命令による編纂だと書くにふさわしい天武天皇像が、七〇〇年代初頭の中央政府には存在していたのであろう。

伊勢神宮式年遷宮の開始

『太神宮諸雑事記』（八六八～九〇五年成立、神道大系編纂会編『神道大系・神宮編1』、一九七九年）によれば、現在の内宮の位置での遷宮の行事（式年遷宮）が開始されたのは、持統天皇四年（六九〇）のこととされている。

この式年遷宮は、伊勢神宮の精神の中核にある、内宮・外宮の正殿ほか主要な建物を、二十年ごとに更新するものである。内宮・外宮正殿の建築様式は、高床式、茅葺屋根、掘立柱、白木、直線状の破風、破風を突き出た千木、堅魚木、棟持柱、心御柱などに特徴を持つ。これらの要素の多くは、中国長江（揚子江）以南の少数民族の集落の高床式住居と共通するものであり、縄文・弥生期の日本列島文化と多くの共通点を持つ照葉樹林文化の特徴でもある。こういった内宮・外宮正殿の建築様式は、〈国家〉段階の祭祀であるにもかかわらず、あえて縄文・弥生期のムラ段階社会の、アニミズム系文化への〝原始返り〟が選択されたのだと思われる。

天武・持統朝から〈古代の近代化〉が本格的始動

天武・持統朝の「古」への回帰は、大陸国家の先進文化の激しい流入による〈古代の近代化〉に対する反作用でもあった。それは、その約一二〇〇年後の明治の近代化が、西欧的合理主義文化の移入による激変の時代に、その反作用として天皇を頂点に戴く祭政一致の国家体制に向かったのと同じ流れであった。

天武・持統政権は、思想面では道教・仏教・儒教を積極的に移入し、行政面では律令体制を導入して、現実主義・実利主義的に〈国家〉体制を整備した。この、リアリズム（現実重視）の方向性と、神話・呪術的な反（非）リアリズムの方向性がセットになる統治機構の源は、邪馬台国の卑弥呼が創始した二重構造王権システムにあるのであり、それが天武・持統政権下では、行政性が太政官（だじょうかん）によって、宗教性が神祇官によって担われる二官八省システムとなった。この、天武・持統天皇期にスタートした、実利性重視の行政組織とアニミズム系文化の祭祀機関から成る統治機構が、一八〇〇年代末の明治政府によってさらに強化して採用され、しかも一九四五年以後の民主国家の日本においてさえも象徴天皇制としてその基本構造が維持されているのである。

第四章　神話伝承の中の系譜

古事記には系譜記事が多い

『古事記』の「序」によれば、『古事記』の原資料は「帝紀」と「旧辞」から成っていた。大まかにいえば、「帝紀」は神々や天皇氏族を中心とする系譜中心の伝承、「旧辞」は物語的な伝承であろう。確かに『古事記』本文には、物語的な部分と系譜的な部分が混在している。このうちの物語的な部分の楽しさは誰にでも理解できそうだが、系譜の部分は、いったいなにが楽しくてこれほど大量に記載しているのだろうと軽視されがちだ。

しかし、系譜の部分の、口誦(こうしょう)段階での扱われ方に注目すると、古い段階ではこの系譜の部分こそが伝承の中心であったことがわかる。

ギリシャ神話の例でいえば、以下に引用する説明が最適であろう(アポロドーロス『ギリシア神話』高津春繁(こうづはるしげ)訳、岩波文庫、一九五三年、の高津の「まえがき」より)。

本書の今一つの特徴は、系譜を骨子として書き綴られてある点で、これは紀元前六世紀に興ったギリシア系譜学の正統を踏襲したものである。したがって同じ伝説が非常に異る場所においてあるいは繰り返され、あるいは異る伝承が説かれている場合が多い。ギリシア英雄の系譜は神々のそれと密接に結ばれており、またこれが歴史時代の諸名家とつながっていることは、我が国の系譜と同一であって、実生活とも密接な関連を有し、そのために系譜学は古代においては重要な位置を占めていた。

私たちが普通に知っているギリシャ神話は、恋の物語を中心にして大衆向けに変えられたものであり、ローマ帝政時代の日常生活や情緒によって変質したものであるのに対して、より原型に近いギリシャ神話は「系譜を骨子として書き綴られ」たものだったという。参考までに、アポロドーロス『ギリシア神話』の中の「系譜」の記述をそのまま引用したいが、文字文章に慣れきっている私たちにはあまりに退屈に感じられる名前の連鎖なので、以下にそのごく一部だけを引用することにする。

(略)ヘーラクレースはデーイアネイラから生れた子供の中の年長のヒュロスに成人してからイオレーを妻とすることを命じ、オイテー山——これはトラーキース人の地にある——に赴き、そこに火葬壇を築き、その上に登って火をつけることを命じた。誰もそれを行なうことを欲しないでいる時に、ポイアースが羊の群を探して通りかかり、火をつけた。ヘーラクレースは彼に弓を与えた。火葬壇が燃えている間に雲が彼の下に来て、雷鳴とともに彼を空へと運び上げたと言われる。そこで不死を得、ヘーラーと仲直りし、その娘ヘーベーを娶り、彼女より息子のアレクシアレースとアニーケートスが生れた。

彼にテスピオスの娘たちから次の子供が生れた。すなわちプロクリスからアンティレオーンとヒッペウス――長女は双生児を生んだからである――パノペーからトレプシッパース、リューセーからエウメーデース（以下略、延々と人名だけが列挙される）

文字使用以前の時代のギリシャには、こういった系譜を記憶し、語り伝えようとする強い情熱が存在していたからこそ、このアポロドーロスの文字記録にまで伝承されたのであろう。系譜への情熱は、原型的なギリシャ神話においては重要な要素だったのである。

『古事記』『日本書紀』の初期系譜の場合、初代神武天皇と十代崇神天皇とのあいだの二代綏靖～九代開化天皇については、歴史学の視点からは実在性のきわめて低い天皇と位置づけられ、一般に欠史八代と呼ばれている。欠史八代については、次章で女性始祖・女性族長の視点から詳しく論じることにして、ここでは以下に、九代開化天皇の豊富な系譜記事をそのまま引用するので、この部分に系譜への強い情熱の存在を感じていただきたい。

ここには、若倭根子日子大毘毘命ほかの「命」がいるが、それは『古事記』神代の神々として登場する「伊邪那岐命」「須佐之男命」そのほかの「命」と同じものである。

さらには「天之御影神の女、息長水依比売」というように、「神」の娘だとする記述さえあるので、この系譜には、神話世界の神々と現実の氏族の人間とが混在していることになる。また、「〜の祖」という多くの記述からもわかるように、実在の各氏族が、その始祖を神話世界に求めることが当たり前であった時代感覚を読みとることができる。

以下、内容のことはあまり考えず、系譜の列挙という点だけに関心を向けて読んで欲しい。飛ばし読みでもかまわない（割り注の固有名のふりがなも省略した）。

『古事記』開化天皇の系譜

若倭根子日子大毘毘命【開化天皇】、春日の伊邪河宮に坐しまして、天の下治らしめしき。此の天皇、旦波の大県主、名は由碁理の女、竹野比売を娶して、生みませる御子、比古由牟須美命【音注略】。又庶母伊迦賀色許売命を娶して、生みませる御子、御真木入日子印恵命【音注略、崇神天皇】。次に御真津比売命。又丸邇臣の祖、日子国意祁都命の妹、意祁都比売命【音注略】を娶して、生みませる御子、日古坐王。又葛城の垂見宿禰の女、鸇比売を娶して、生みませる御子、建豊波豆羅和気【音注略】。此の天皇の御子等、併せて五柱なり。故、御真木入日子印恵命は、天の下治らしめしき。其の兄比古由牟須美王の子、大筒木垂根王。次に讃岐垂根王【音注略】。此の二王の女、五柱坐しき。次に日古坐王、山代の荏名津比売、亦の名は苅幡戸弁【音注略】を娶して、生める子、大俣王。次に小俣王。次に志夫美宿禰王。又春日の建国勝戸売の女、名は沙本之大闇見戸売を娶して、生める子、沙本毘古王。次に袁邪本王。次に沙本毘売命、亦の名は佐波遅比売。此の沙本毘売命は、伊久米天皇【垂仁天皇】の后と為りき【音注略】。次に室毘古王。又近淡海の御上の祝が以ち伊都玖【音注略】、天之御影神の女、息長水依比売を娶して、生める子は、丹波比古多多須美知能宇斯王【音注略】。次に水之穂真若王。次に神大根王。亦の名は八瓜入日子王。次に水穂五百依比売。次に御井津比売。又其の母の弟袁祁都比売命を娶して、生める子、山代之大筒木真若王。次に比古意須王。次に伊理泥王【音注略】。凡そ日古坐王の子、併せて十一王なり。故、兄大俣王の子、曙立王。次に菟上王。此の曙立王は、伊勢の品遅部君、伊勢の佐那造の祖。菟上王は、比売陀君の祖。次に小俣王は、当麻の勾君の祖。次に志夫美宿祢王は、佐佐君の祖なり。次に沙本毘古王は、日下部連、甲斐国造の祖。次に袁邪本王は、葛野の別、近淡海の蚊野の別の祖なり。次に室毘古王は、若狭の耳別の祖。其の美知能宇志王、丹波の河上の摩須郎女を娶して、生める子、比婆須比売命。次に真砥野比売命。次に弟比売命。次に朝廷別王。此の朝廷別王は、三川の穂別の祖。此の美知能宇斯王の弟、水穂真若王は、近淡海の安直の祖。次に神大根王は、三野国の本巣国造、長幡部連の祖。次に山代之大筒木真若王、同母弟伊理泥王の女、丹波能阿治佐波毘売を娶して、生める子、迦邇米雷王【音注略】。此の王、丹波の遠津臣の女、名は高材比売を娶して、生める子、息長宿禰王。此の王、葛城の高額比売を娶して、生める子、息長帯比売命。次に虚空津比売命。次に息長日子王。此の王は吉備の品遅君、針間の阿宗君の祖。又息長宿祢王、河俣稲依毘売を娶して、生める子、大多牟坂王。【音注略】此は多遅摩国造の祖なり。上に謂える建豊波豆羅和気王は、道守臣、忍海部造、御名部造、稲羽の忍海部、丹波の竹野別、依網の阿毘古等の祖なり。天皇の御年、陸拾参歳。御陵は伊邪河の坂の上に在り。

【音注略】とした部分には、ヤマト語音の発音注記が付いている。これは、この部分が音声による古伝承であったことを示している。またこの部分の全体は、各地の有力豪族の出自を示す系譜の集積になっている。すなわち、記紀系譜は、天皇（大王・族長）氏族だけでなく、各地の有力豪族の系譜をも含んでいるのである。

ところで、日本列島の外の地域の無文字民族の文化人類学的報告に目を転じよう。池田源太「ポリネシアにおける口誦伝承の習俗と社会組織」（『伝承文化論攷』角川書店、一九六三年）によれば、ニュージーランドの原住民マオリ人（族）の系譜の扱い方は次のようなものである。

> 司祭（トフンガ Tofunga）たる家のおもなる任務は、古来の族長らの長い系譜を、その族長等の業績と共に、父から子、子から孫へと口ずからに伝えることであった。その上、マオリ人はこの言い伝えを司祭（トフンガ）のみに委ねることに満足しないで、村の家々の長老や物識りたちも、みずからその家の系譜と伝説とを暗記しており、その子孫に教え、公の席上で司祭らの暗誦する系譜伝承を聴取し、これを試験し、訂正する権能を持っていた。（中略）ニュージーランドでは長子制が厳格に行なわれており、貴族（ランガチラ Rangatira）は、家々の長男から成り立ち、部族の首長は、こ

の貴族（ランガチラ）の中から出ることになっていたが、かかる家々の長男らは、その家の系譜を常に暗記している必要があった。

この中の「族長等の業績」には物語的な要素も含まれていたと思われるので、「古来の族長らの長い系譜」はそういった物語と共に語られていたのであろう。『古事記』の系譜部分にもそれぞれの物語部分が存在していた可能性がある。

系譜への強い執着は、長江流域少数民族の現に生きている神話においても顕著である。私が実際に現地調査（一九九七年と二〇〇〇年）して得た資料でいえば、中国四川省涼山（リヤンシヤン）地区美姑（メイグー）のイ（彝）族の創世神話「ネウォテイ（勒俄特依）」の例がある。「ネウォテイ」の全歌詞五六八〇句（ほとんどが五音）は、工藤隆『四川省大涼山イ族創世神話調査記録』（大修館書店、二〇〇三年）に収録した。

イ族は、人口約七七六万人（以下、少数民族の人口は二〇〇〇年の調査によるもの、出典は『中国少数民族事典』東京堂出版、二〇〇四年再版本）で、雲南省西南部、四川省東部を中心に、貴州省・湖南省・江西省など広域に居住し、精霊信仰（アニミズム）とシャーマニズムを基本にしている。

丘の上で、ネウォテイを唱えるビモ。四川省イ族自治州拉木阿覚（ラムアジェ）村にて。2000年９月17日。工藤綾子撮影

このうちの、系譜の部分、第十一段「阿留居日（アニュジュズ）」全一三一句の日本語訳を以下に引用する。これもまた、内容のことはあまり考えず、系譜の列挙という点だけに関心を向けて読んで欲しい（これも飛ばし読みでかまわない）。

これは、ビモ（イ族の呪的専門家）によって、原則として暗誦で唱えられるものである。ちなみに、この「阿留居日（アニュジュズ）」一三一句を、イ文字で記述したものを目で見ながら歌ってもらったところ、かかった時間は約四分であり、文字で書かれたものを読むときに感じる煩わしさは、音声で発せられるときには、あまり感じることがなかった。

イ族創世神話の［11 阿留居日（アニュジュズ）］

大昔、人類の起源は「阿留居日」に始まる。第一世代は武正阿史、第二世代は阿史鄭紅、第三世代は鄭紅武咪、第四世代は武咪復必、第五世代は復必自才、第六世代は自才日皮、第七世代は日皮波母、第八世代は波母慕弥、第九世代は慕弥諸地、第十世代は諸地佳仮である。その次の第一世代は佳仮母烏、第二世代は母烏格日、第三世代は格日格張、第四世代は格張哈母、第五世代は哈母阿蘇、第六世代は阿蘇濮咪、第七世代は濮咪張紙、第八世代は張紙張氏、第九世代は張氏阿留である。第十世代の阿留居日は、人間の体に猿の如き声で、キダイコンの蔓を着物として着て、イシガガイモを食べ、目はあるが道を見ず、口はあるが肉を食べず、手はあるが手仕事をせず、熊のように木の枝にまつわりつき、猿のように木の梢によじ登ったので、人間にはなっていなかった。

そののち、阿留居日から七人の子供が生まれた。第一世代は尼能母次、第二世代は母次徳阿、第三世代は徳母利、第四世代は利阿古、第五世代は古恩斯、第六世代は斯烏孜、第七世代は孜阿糾、第八世代は糾阿都、第九世代は都斯自、第十世代は自阿普で、尼能は十世代だった。尼能は知識が多くなく、先祖済度の黎姆儀礼をせず、客にご馳走をせず、十世代で滅んだ。

尼能(ニニ)犬科の狐は尼能が絶滅したあと、独りで放浪して歩き回り、そのあと居日格俄(ジュズクウォ)が生まれた。その第一世代は夥烏以(ホヴジュ)、第二世代は以欧布(ジュオプ)、第三世代は布欧日(プオズ)、第四世代は日烏孜(ズヴズ)、第五世代は孜烏紙(ズヴチュ)、第六世代は紙烏斯(チュヴス)、第七世代は斯孜日(スズジュ)、第八世代は日次次(ジュツツ)、第九世代は次波波(ツボボ)で、格俄(クウォ)は九世代だった。格俄は知識が多くなく、緻密に考えることもせず、根本を治める儀礼も、屍(しかばね)を清める儀礼もせず、九世代で滅んだ。

格俄(クウォ)犬科の赤い狼は格俄が絶えたあと、独りで放浪して歩き回り、そのあと居日実勺(ジュズシュシュ)が生まれた。その第一世代は日欧曲(ズオチュ)、第二世代は欧曲紹(オチュショ)、第三世代は紹更雨(ショグズ)、第四世代は更雨雨(グズズ)、第五世代は雨雨甚莫阿古(ズズシュモアク)、第六世代は阿古都(アクトウ)、第七世代は麻都尼(マトウニ)、第八世代は尼阿波(ニアボ)で、実勺(シュシュ)は八世代だった。実勺は黎姆(ニム)儀礼をせず、客にご馳走をせず、息子に嫁をとらず、娘を嫁に行かせず、知識が多くなく、緻密に考えることをしなかったので、八世代で滅んだ。

実勺鶏(シュシュ)は実勺が絶えたあと、独りで啼(な)き続け、そのあと居日慕弥(ジュズモム)が生まれた。その第一世代は母母以(ムムジュ)、第二世代は以烏爾(ジュヴル)、第三世代は爾以糾(ルジュジョ)、第四世代は糾以孜(ジョジュズ)、第五世代は孜阿普(ズアプ)、第六世代は普俄烏(プウォヴ)、第七世代は烏研糾(ヴゼチョ)、第八世代は糾史張紙(チョシュジャチュ)、居日慕弥(ジュズモム)は十世代生存したあと絶えた。居日慕弥(ジュズモム)は知識が多くなく、緻密に考えることをせず、息子に嫁をとらせず、娘を嫁に行かせず、黎姆儀礼をせず、根本を治める儀礼も屍を清める儀礼もしなかった。

慕弥鶏(モム)である斑鳩(しらこばと)は居日慕弥(ジュズモム)が絶えたあと、奥山を放浪し、そのあと夥阿(ホノ)が二十二世代生まれたが、その二十二世代も滅んでしまった。そのあと濮蘇(プス)が生まれ、その濮蘇に六人の子が生まれた。豚頭の濮蘇が五人生まれたが、その五人は死んでしまった。次に、足が不自由で手が六本ある子が生まれ、その子から四人の子が生まれたが、その四人は死んでしまった。首（肩）の赤い佳張(チャチャ)も生まれ、首の赤い子を三人産んだが、その三人は死んでしまった。以咪(ジュミ)も生まれ、子を二人産んだが、その二人は死んでしまった。爾史(ルシュ)も生まれ、子を一人産んだが、その一人は死んでしまった。阿留居日(アニュジュズ)だけを残して、人間は滅んだ。

イ族はいつのころからか（明代(みん)か）独自のイ（彝）文字も持ったので、文字での記録も行なわれてきた。その意味では、完全な無文字文化の例ではないが、しかしすべて〝韻文〟で、原則として暗誦(あんしょう)で唱えられ（歌われ）ている。『古事記』のように、神話のほとんどの部分が〝散文〟体になって、文字文章化しているのとはまったく違うのである。また、国家成立後の官僚たちの編集意志が介在して〝たった一つの神話〟へと統一された『古事記』とは違うので、口誦のみの段階と同じように系統の異なるテキスト（イ文字で記録したもの）が無数に存在している。美姑（メイグー）地区のビモ（イ族の呪的専門家）は、美姑の人口十五万人のうち約六千人も存在し、それぞれが自前の「ネウォテイ」を唱える（歌う）のである。

私たちは、『古事記』『日本書紀』の系譜や、各氏族に伝わる系図のように、文字文化が一般化したあとの系譜表現しか知らない。文字で書かれ、線で結んで図示化された系図である。しかし、無文字文化時代の系譜は、音声で歌のように節を付けて唱えられたり、あるいは歌われたりするのが常態であった。『古事記』『日本書紀』の特に初期天皇系譜には、無文字文化時代の音声による伝承系譜が組み込まれているのは間違いない。したがって、天皇系譜の無文字文化時代の部分にまで、文字文化時代の系譜・系図の、固定された正確さの読み方を当てはめてはならない。

第五章　男系系譜と女系系譜の交錯

縄文・弥生・古墳時代の系譜語りの実態に迫るには

『古事記』『日本書紀』の天皇系譜の分析には、大きな難問がある。それは、系譜が文字で記録されるようになっていた七〇〇年代初頭に記述されたそれらの中の、無文字文化時代からの伝承部分を、少しでも証拠になりそうな素材を示しながら、その素材に基づいた説得力ある論理で選り分けなければならない点である。

日本古代史学は、一般に、文字で書かれた史料を証拠の第一として論を組み立てるので、『古事記』『日本書紀』に文字で書かれた系譜の内側でのみの分析に力点を置くのが普通だ。したがって、五〇〇年代末ごろまでの〈古代の古代〉の無文字文化時代の系譜がどのように語られていた（あるいは、唱えられていた、歌われていた）のかについては、文字史料が無いのだから考えても仕方がないという立場のようである。その結果、戦前までの非科学的古代史像を持っている人々などのあいだでは、特に『古事記』『日本書紀』の初期天皇系譜について恣意(しい)的な想定が飛び交ってしまう。中には、ほとんど妄想に近いような考えが一部の学者・思想家や政治集団の意識を支配してしまうことがある。

そこで、本書では、〈古代の古代〉の時期の日本列島民族と、地理的にも、人種的にも、文化的にも共通圏内に属し、かつ近年まで無文字文化であった中国長江（揚子江）流域の少数民族社会の系譜伝承の調査報告を手がかり・モデルとして、記紀の初期系譜に迫ってみることにする。逆にいえば、日本列島の無文字文化時代の系譜伝承がどのようなものだったかについて推定するには、長江流域少数民族の系譜伝承のような、文化人類学的な調査報告に頼る以外に道は無いのである。

プーラン族とワ族の事例から

中国の少数民族社会に見られる「父子連名」は、父の名前の後部を息子の名前の頭部に持って行く尻取り形式で、父から息子へと系譜を繋いでいくので、父系（男系）制を前提にしているものであることがわかる。この父子連名は、特に漢民族（漢族）に特徴的な系譜意識であり、これが国家レベルでは唐など中国皇帝の男系男子継承制度になった。中国少数民族社会の父子連名は、この漢民族の系譜意識に影響を受け、それを模倣したものであろう。

ところが、中国西南部には、現在も母系（女系）制だったり、今は父系（男系）制だが昔は母系制だったと思われる少数民族がいくつか存在する。日本の〈古代の古代〉でも、たとえば弥生時代には母系（女系）の系譜意識が主流だったのではないかという推測がある（初期農耕社会には母系が存在する例があるという文化人類学の報告〔江守五夫『母権と父権』弘文堂、一九七三年、ほか〕を手がかりとした推測）。その場合には、母系制ならば〝母子連名〟があるはずだということになる。ということで、そのような想定のもとに長江流域少数民族の系譜意識を調べ始めたのだが、私の調査した範囲やいくつかの報告書を見るかぎりでは、〝母子連名〟的系譜語りは無さそうだということがわかってきた。

　鳥越憲三郎・若林弘子『弥生文化の源流考』（大修館書店、一九九八年）は、雲南省西双版納傣族自治州勐海県のプーラン（布朗）族の村で発見した母系系譜の二つの実例を報告している。

　プーラン族は、人口約九万人（二〇〇〇年）で、中国雲南省南部地域に居住し、古くは狩猟民族であった。文字を持たず、自然崇拝のアニミズム系文化で生活していた。

　なお、中国少数民族のほとんどには、一九九〇年代後半くらいからの中国政府の改革開放政策の急激な進行の影響で、生活形態、伝統文化に大きな変化が生じている。辺境の村にも道路が通じ、電気が引かれ、電話が通じ、テレビが入り、村人には携帯電話が普及し、小学校が設置されるなどした。二〇〇〇年代に入るとこれらの傾向が一層進行して、現在では本来のアニミズム系文化の基盤が失われつつある。したがって本書では、基本的に人口は一九九〇年あるいは二〇〇〇年調査のものを用い、文化状態も私が調査した二〇〇〇年くらいまでのものを重視することにする。

話を元に戻し、以下に、鳥越・若林『弥生文化の源流考』が調査したプーラン族の母系系譜のうちの一つを引用する（アイは男、ヰは女という意味）。なお、プーラン族は、のちに触れるワ（佤）族の「分派」であり、「現在では母系的遺制が認められる父系社会」であるという（鳥越・若林同書）。

これは、まず母親「ヰ・サンスワイ」の「サン」が、息子の名前「アイ・ラサン」に継承され、その「アイ・ラサン」の妻「ヰ・ラカン」の「ラ」が、三人の子供の名前にそれぞれ継承されている。

無文字文化の少数民族社会の父子連名は、一般に男性戸主によって暗誦されている。しかし、この男系・女系交錯のプーラン族の系譜は、女性戸主（あるいはその夫）によって暗誦されたものではないようであり（鳥越・若林同書にはその旨の記述がない）、調査者が聞き書きや地元役所の協力を得るなどして作成したものであろう。

また、一般に父子連名は父から息子へのつながりの連鎖を示すだけだから、このプーラ

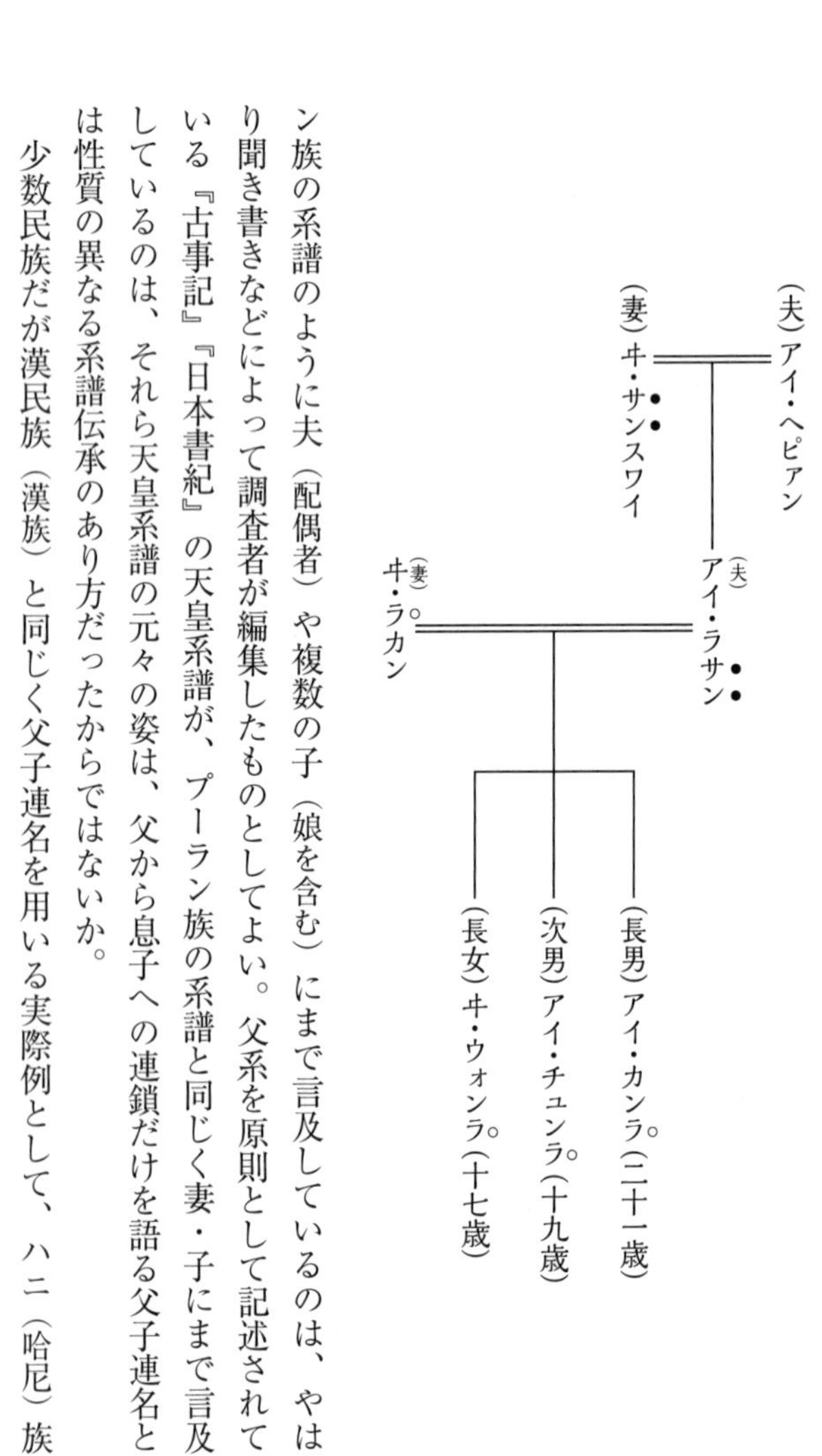

ン族の系譜のように夫（配偶者）や複数の子（娘を含む）にまで言及しているのは、やはり聞き書きなどによって調査者が編集したものとしてよい。父系を原則として記述されている『古事記』『日本書紀』の天皇系譜が、プーラン族の系譜と同じく妻・子にまで言及しているのは、それら天皇系譜の元々の姿は、父から息子への連鎖だけを語る父子連名とは性質の異なる系譜伝承のあり方だったからではないか。

少数民族だが漢民族（漢族）と同じく父子連名を用いる実際例として、ハニ（哈尼）族

家の庭先で「父子連名」を唱える李文亮（ゼフ）。彼の左下には白酒（パイチュウ）と愛用の水パイプ。雲南省哈尼田村。1996年２月10日。工藤綾子撮影

の、男性戸主によって暗誦される父子連名（工藤隆『中国少数民族と日本文化――古代文学の古層を探る』勉誠出版、二〇〇二年）を紹介する。その一例として、一九九六年二月十日に、雲南省金平県の哈尼田村（二〇〇戸余、約一〇〇〇人のハニ族の村、標高一三四五メートル）で、歌い手のゼフ（中国名、李文亮、五十九歳）さんに、創世神話を歌ってもらったあとに聞かせてもらったものを以下に引用する。「ゴネ→ネゼ→ゼテウ」というように、尻取り形式で連ねていく。

なおハニ族は、主として雲南省南部に居住する稲作中心の民族で、人口は約一四三万人（二〇〇〇年）。焼き畑耕作の陸

稲中心のプーラン族と同じく、文字を持たず、自然崇拝のアニミズム系文化であり、紅河(ホンフー)地域のハニ族は、女神奥瑪(アオマ)を天の神としている(前出『中国少数民族事典』)。おそらくは、次の「ゼフ(李文亮)の父子連名」の冒頭に出てくる「オマ」はこの女神奥瑪(アオマ)であろう。すなわち、ハニ族は、女神を祖先神としているのである。

［ゼフ(李文亮)の父子連名］

オマ→オホ→オゴ(このあたりまでは間違いなく天の神ですが、このあとどのあたりまでが天の神かははっきり憶えていません)→ゴネ→ネゼ→ゼテウ→テウマ→マショ→シヨネ→ネベ→ベス→スミオ→オテリ→テリザオ→ザオミエ→ミエチャ→チャディシ→ディシリ→リボベ→ボベウ→ウホザ→ホザツオ→ツオモイ→モイザ→ザショウオ→ウオリピョ→ピョモド→モドダ→ダデウス→スモゾ→モゾニャ→ニャチ→チソ→ソリ→リゴ→ゴヨ→ヨジェ→ジェペ(ここからいろいろの家族が分かれ、この家の名字も明の皇帝から与えられました)→ペゾ→ゾゼ→ゼド→ドツオ→ツオス→スグエ→グエミ→ミゾ→ゾホ→ホフ→フゼ→ゼピャオ→ピャオソ→(一人分忘れました)→ラブ→(一人分忘れました)→ニュゼ→ゼコ→コジェ→ジェツエ→ツエジ→ジゼ→ゼマ→マツエ→ツ

エジェ↓ジェゼ↓ゼフ（現在の自分、中国名李文亮、六十五代目……四人の息子フゼ、フタ、フボ、フコがいます）

また鳥越・若林前出書によれば、雲南省孟連傣族（モンリエンタイ）拉祜（ラフ）族自治県海東大寨（ハイドンダーヂャイ）のワ（佤）族の村では、「相続は一般に長女が継ぎ、次女以下は婿を迎えると二、三年後に分立する」のが原則だという。

ワ族は、ミャンマー（ビルマ）北東部から雲南省南西部に居住し、焼き畑耕作による陸稲栽培が中心である。雲南省側の人口は約三十九万人（二〇〇〇年）、ミャンマー側の人口は約三十三万人（一九九六年）である。文字を持たず、自然崇拝のアニミズム系文化で生活していたのは、プーラン族・ハニ族と同じである。穀物の豊かな稔（みの）りを引き寄せるために、人間の首を刈ってそれを用いて儀礼を行なう習俗を、一九七〇年ころまで続けていたことでも知られている（詳しくは、工藤隆「中国雲南省ワ（佤）族文化調査報告」『アジア民族文化研究4』二〇〇五年、参照）。

話を元に戻せば、鳥越・若林前出書によれば、海東（ハイドン）のワ族の村では、婿取り形式の母系制なのに「子が父の名跡を継ぐ母系制」の実例があるとして五十一例を示したうえで、次のように述べている。

常識からいえば当然、母系制のため生まれた子女はすべて母の氏族に属するのに、父の名跡を継いで父の氏族を名乗る。その結果、各家は世代ごとに、迎えた夫の氏族に変更されるという奇妙な氏族制になっている。

その一例を引用する。「イェ」は「女」、「アイ」は「男」を示すだけで、いわゆる姓ではない。姓を持たず男女の違いだけを示すのは、先に引用したプーラン族の場合と同じである。ただし、どの「氏族」に属しているかは厳格に認識されており、同氏族間の結婚は禁止されているという。（引用するにあたって、「ウー」「パイ」「シャオ」「ピリ」のあとにそれぞれ「氏族」を補い、「妻」「夫」も明示した。）

すなわちこの家は、「イェ・オウリ」「イェ・ヨン」姉妹の段階では「ウー氏族」だったのが、それぞれが婿を取ると、その子供たちはそれぞれの婿の氏族「パイ氏族」「シャオ氏族」に変わるのだという。

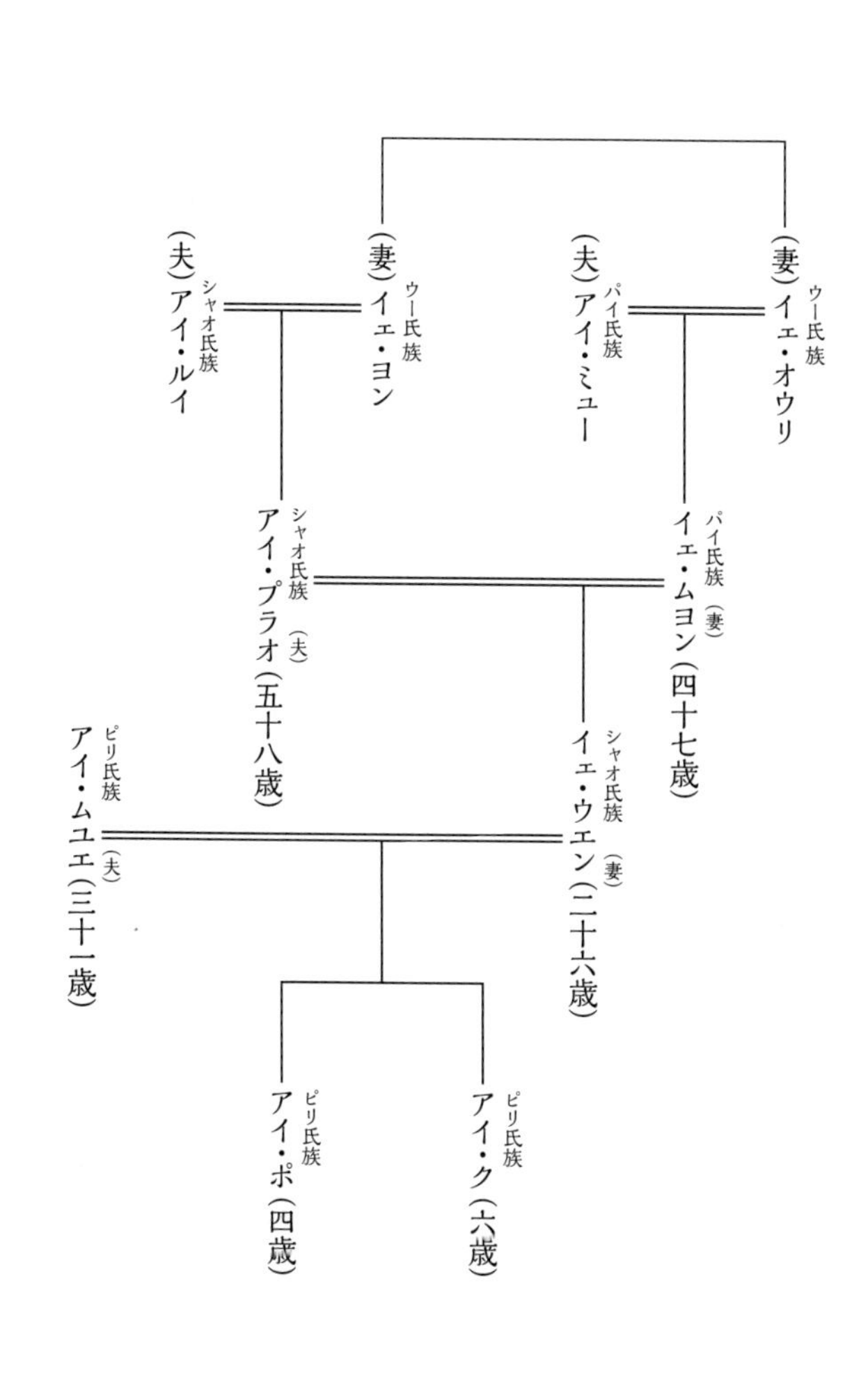

ウー氏族
(妻)イェ・オウリ
パイ氏族
(夫)アイ・ミュー
ウー氏族
(妻)イェ・ヨン
シャオ氏族
(夫)アイ・ルイ
パイ氏族
(妻)
イェ・ムヨン(四十七歳)
シャオ氏族
(夫)
アイ・プラオ(五十八歳)
シャオ氏族
(妻)
イェ・ウエン(二十六歳)
ピリ氏族
(夫)
アイ・ムユエ(三十一歳)
ピリ氏族
アイ・ク(六歳)
ピリ氏族
アイ・ポ(四歳)

欠史八代に残る女性始祖伝承

このような母系と父系が交錯する系譜の存在は、『古事記』の綏靖（二代）から開化（九代）までの欠史八代といわれる天皇の系譜を考えるうえで、一つの新しいモデルになるかもしれない。たとえば次の二例では、「師木県主」の始祖がいずれも女性名になっている点が重要である。

神沼河耳命、葛城の高岡宮に坐しまして、天の下治らしめしき。此の天皇【綏靖天皇】、師木県主の祖、河俣毘売を娶して【本居宣長『古事記伝』（『本居宣長全集』第十巻、筑摩書房、一九六八年）は「娶して」と訓じている。以下同】生みませる御子、師木津日子玉手見命。天皇の御年、肆拾五歳。御陵は衝田岡に在り。

二代綏靖天皇についての記述はこれだけである。先に引用した九代開化天皇の系譜記述に比べれば、この簡略さは際立っている。逆にいえば、綏靖天皇についての伝承は、これだけしか残っていなかったということなのであろう（『日本書紀』では、綏靖天皇登場の経緯などの具体的記述があるが、系譜部分の分量は『古事記』と大差ない）。にもかかわらず、この短い記述の中に、女性始祖という重要な情報が籠められていた。

それは、天皇氏族ではないにしても、師木（現奈良県桜井市金屋あたり）の豪族（県主）の始祖が「河俣毘売」という女性だったことを示している点である。つまり、豪族の世界では、始祖が女性であることは特別のことではなかったのであろう。これは、第十章で詳しく触れるように、七〇〇年前後の地方有力者層の系譜意識を示す史料である。上野三碑のうちの山上碑（六八一年）、金井沢碑（七二六年）の系譜が、いずれも女系（母系）で記述されていることからも推定できる。

また、四代懿徳天皇もまた、「師木県主の祖」（ここでは賦登麻和訶比売命となっている）を妻としたという記述がある。

此の天皇【懿徳天皇】、師木県主の祖、賦登麻和訶比売命、亦の名は飯日比売命を娶して、生みませる御子、御真津日子訶恵志泥命（以下略）。

ただし、このように、「〇〇の祖」である女性（ヒメ）と明記しているのはこの二例だけで、ほかの六代は、次の例のように、男性である「祖」「県主」の「女」や「妹」としての位置づけの女性ばかりになる。

- 此の天皇【安寧天皇（三代）】、河俣毘売の兄、県主波延の女、阿久斗比売を娶して生みませる御子、……
- 此の天皇【孝昭天皇（五代）】、尾張連の祖、奥津余曽の妹、名は余曽多本毘売命を娶して、生みませる御子、……
- 此の天皇【孝安天皇（六代）】、姪忍鹿比売命【「○○の女」あるいは「○○の妹」の明記なし】を娶して、生みませる御子、……
- 此の天皇【孝霊天皇（七代）】、十市県主の祖、大目の女、名は細比売命を娶して、生みませる御子、……
- 此の天皇【孝元天皇（八代）】、穂積臣等の祖、内色許男命の妹、内色許女命を娶して、生みませる御子、……
- 此の天皇【開化天皇（九代）】、旦波の大県主、名は由碁理の女、竹野比売を娶して、生みませる御子、……

なお、『日本書紀』の欠史八代の記述は、そのほとんどが、男性の「祖」「県主」の「女」あるいは「妹」という形式であり、『古事記』綏靖天皇（二代）、懿徳天皇（四代）のような「○○県主の祖」である女性、という女性始祖形式のものは無い。それに対して『古事記』は、欠史八代のうちの二例だけには、あえて、女性が始祖であったとする伝承の痕跡を残したことになる。

ただし、『日本書紀』綏靖天皇（二代）段では、綏靖天皇は、母の媛蹈鞴五十鈴媛命（事代主神の娘）の妹である五十鈴依媛を「皇后」としたとあるので、事代主神の娘を妻としたことになる。先に、開化天皇（九代）の系譜について述べたのと同じく、綏靖天皇の系譜には、やはり神話世界の神々と現実の氏族の人間とが混在しているようである。また、綏靖天皇の皇后の記述に『古事記』と『日本書紀』では違いがあるのは、先にも述べたように、初期天皇系譜が、無文字文化時代の不安定な（自然変容や記憶違いによる異伝が多出したであろう）系譜伝承であったことの痕跡であろう。

ともかく『古事記』の天皇系譜は、七〇〇年代初頭に基本的には父系制で整えられたと思われるのだが、欠史八代の特に「師木県主の祖、河俣毘売」「師木県主の祖、賦登麻和訶比売命」の部分は、「祖」がヒメとなっているので、女性始祖伝承の痕跡を示していることは間違いない。この欠史八代の女性始祖伝承の変遷について、小林敏男（こばやしとしお）『古代王権と県・県主制の研究』（吉川弘文館、一九九四年）は次のように述べている。

> 一般的に「女性始祖伝承」は古いものと考えられることからみて、県主家の祖先伝承は、（1）「某県主祖某」（○○県主の祖○○）→（2）「某県主祖某女某」（○○県主の祖○○の女○○）→（3）「某県主（某）女某」（○○県主○○の女○○）といった変遷形態をとったことが推測される。

このような推測は妥当である。そのうえで、補えば、（1）「某県主祖某」（○○県主の祖○○）の「県主」には、元々の伝承では女性も存在していた可能性があるということであろう。

このうちの（1）から（3）までの部分をもう少しわかりやすく補うと次のようになる。

（1）「某県主祖某」（○○県主の祖△△【女性】）→（2）「某県主祖某女某」（○○県主の

祖△△【男性】の女□□）↓（3）「某県主（某）女某」（○○県主△△【男性】の女□□）

なお、先にも見たように『日本書紀』綏靖天皇段では、皇后五十鈴依媛の姉媛蹈鞴五十鈴媛命は、事代主神の娘であるとされている。この伝承は、皇后は、神の娘として神々の世界に通じる巫女性も併せ持つ存在だとする観念を示していると思われる。すると、ここには、『魏志』倭人伝が伝える、「女王」卑弥呼のイメージが浮上してくる。このことについては、のちに触れよう。

さらに、先のワ族の、母系に父系が接ぎ木された戸籍の実例をモデルとして考察すれば、財産権を掌握した戸主が女性であっても、「氏族」としては父系になるというような変容の過程が、『古事記』の天皇系譜の古層に潜んでいる可能性についても考えてみる必要がある。

また三浦佑之も、「欠史八代」の系譜には、母系制の痕跡が見られると指摘している（「母系残照——記紀の婚姻系譜を読む」『神話と歴史叙述』若草書房、一九九八年）。さらに三浦は同論文で、「欠史八代」の系譜の中に「母系の崩壊が生じ、すべてが男系に統一されてゆく」過程を見いだして、次のように述べている。

記紀の婚姻系譜にみられる「祖」「妹」「母之女」たちと天皇との結婚は、こうした母系（双系）から父系への過渡の痕跡とみなすことができる。

以上のような小林・三浦の論も参考にしたうえで、プーラン族・ワ族などの母系系譜のあり方をモデルにすれば、さしあたり次のような想定が可能になるだろう。すなわち、弥生時代ごろの日本社会には、東南アジアの諸民族一般に顕著な母系制が存在していたのだが、一方で政治的・社会的支配権力は男性が握っている父権社会（父系の意識が強まるであろう）であったかもしれない。その場合には、母系（女系）と父系（男系）が併存する系譜が存在していた可能性がある。

第六章　女性リーダーの存在

卑弥呼の巫術政治体系はヤマト国家にも継承された

『魏志』倭人伝には、次のようにある（以下、『魏志』倭人伝の現代語訳の引用は、石原道博編訳『新訂 魏志倭人伝・後漢書倭伝・宋書倭国伝・隋書倭国伝』岩波文庫、一九八五年、を基本とした。（ ）内は原則として原文）。

その国は、もと男子をもって王となし、住まること七、八十年。倭国が乱れ、たがいに攻伐すること歴年、そこで共に一女子を立てて王とした。卑弥呼（ヒミコ）という名である。鬼道を事とし、よく衆を惑わせる。年はすでに長大だが、夫婿（夫）はなく、男弟がおり、佐けて国を治めている。王となってから、朝見（拝謁）する者は少なく、婢千人をみずから侍らせる。ただ男子一人がいて、飲食を給し、辞（ことば）を伝え、居処に出入する。宮室・楼観（楼閣・たかどの・ものみ）・城柵を厳重に設け、いつも人がおり、兵器を持って守衛する。

「その国」というのは「倭国」のことであり、もともとは男王が七、八十年にわたって続いていたという。ところが戦乱が起きて何年ものあいだ決着がつかず、また、この時期には寒冷気候によって農耕の不作が続いたようであり（山本武夫「気候変動から邪馬臺国を考える」〔松本清張 編『邪馬臺国の常識』毎日新聞社、一九七四年〕）、男王たちがこのまま勢力争いを続けていれば共倒れになるという状態に至って、男たちのそれまでの支配権とは別系統の〈女の王〉を共に立てて「女王」とした。その女王は「鬼道を事とし、よく衆を惑わせる」つまり呪術（シャーマニズム）を駆使する存在であった。

この女王卑弥呼は、約六十年にわたる統治によって、巫術政治の体系を創出したものと思われる。その体系は、卑弥呼の死後の、大和朝廷の王権に継承され、大宝律令の神祇令の、新嘗祭・鎮魂祭・大祓へと継承されたと推定される。

『魏志』倭人伝には、次のようにある。

> 【二四七年】倭の女王卑弥呼は、狗奴国の男王卑弥弓呼ともとから不和である。倭の載斯烏越らを遣わして郡にゆき、互いに攻撃する状況を説明した。（略）卑弥呼が死んだ。大きな塚をつくった。直径百余歩、殉死する者は奴婢百余人。さらに男王を立てたが、国中が服さない。おたがいに誅殺しあい、当時千余人を殺した。また卑弥

呼の宗女壱与（台与か）という年十三のものを立てて王とすると、国中がついに平定した。

狗奴国は九州南部地域の熊襲だろうとされており、卑弥呼はその熊襲との闘いの最中に、おそらくは老衰で死んだ。すると、卑弥呼登場以前の時代と同じく、男の族長たちが覇権を争って武力衝突を始めたが、しかし今度も決着がつかなかった。そこで、卑弥呼時代にできあがっていた、宗教的超越性を〈女〉（卑弥呼）が担い行政の実務性を〈男〉（「男弟」）が担うという二重構造王権システムに戻ることになった。その象徴的な表れが、わずか十三歳の「宗女」（跡継ぎの娘）である「台与（壱与）」を宗教的超越性を持つ〈女〉として登場させたことであった。

『魏志』倭人伝にはこれ以後の記述が無いが、おそらくはトヨを女王とする体制は卑弥呼時代ほどの威力を持つことはなく、再び男の族長たちの争いが続いて、邪馬台国では〈男〉の族長勢力による再編成が進んだのであろう。そのときに、卑弥呼時代に形成された巫術政治の体系が、次の男王主体の政権にとっても有用である（残したほうがよい）という判断が働いて、その基本的性格は継承されたのであろう。それが、『古事記』『日本書紀』の、のちに触れる神武天皇（初代）・崇神天皇（十代）段の神祭りや、仲哀天皇（十四代）段の神功皇后の巫術政治の描写として伝えられたのではないか。

なお、九州を中心とする各地に女性リーダー（女酋）の存在が記録されている。代表的なものを紹介すると、『豊後国風土記』（現大分県の中・南部）には、景行天皇（十二代）の時代のこととして、「神あり、久津媛という」（日田の郡）、「此の山に土蜘蛛【先住の在地民族】あり、名を五馬媛といいき」（同）、「此の村に女人あり、名を速津媛といいて、其の処の長たりき」（速見の郡）という記述がある。

また、『肥前国風土記』（現佐賀県・長崎県）にも、「土蜘蛛、大山田女・狭山田女というものあり」（佐嘉の郡）、「土蜘蛛あり、名を海松橿媛といいき」（松浦の郡）、「土蜘蛛あり、名を浮穴沫媛といいき」（彼杵の郡）という記述がある。

本州山口県には、『日本書紀』景行天皇十二年条に、「爰【現山口県の佐波】に女人有り。神夏磯媛と曰う。（略）一国の魁帥【酋長】なり」、「【現大分県の】速見邑に到りたまう。女人有り。速津媛と曰う。一処の長たり」とある。

また、本州関東圏の『常陸国風土記』行方の郡（現茨城県南東部）にも、「古、国栖【先住の在地民族】、名は寸津毗古・寸津毗売というもの二人ありき」という記述がある。

したがって、邪馬台国の、宗教性（女性）と行政性（男性）がセットになった二重構造王権システムと同質のものが、クニ段階社会においては、九州を中心に関東圏まで、日本列島各地に広く存在していた可能性が高い。女族長たちが宗教性の部分に深く関わっていたことを知るために、先の『日本書紀』景行天皇十二年条の「神夏磯媛」の記述の詳細を以下に引用しよう。

爰に女人有り。神夏磯媛と曰う。其の徒衆甚多なり。一国の魁帥なり。天皇の使者の至ることを聆きて、則ち磯津山の賢木を抜りて、上枝には八握剣を挂け、中枝には八咫鏡を挂け、下枝には八尺瓊を挂け、亦素幡を船の舳に樹て、参向て啓して曰さく（略）。

（ここに、神夏磯媛という女性がいた。彼女に率いられている仲間たちは甚だ多かった。一国の首長であった。天皇〔景行天皇〕の使者が来ることを聞いて、ただちに磯津山の榊を抜いて、上の枝には八握の剣を掛け、中の枝には八咫の鏡を掛け、下の枝には八尺瓊〔勾玉〕を掛け、また白旗を船の舳先に立てて、参上して申し上げたことには〔略〕。）

ここには、『古事記』神代のアメノイワヤト神話の「天の香山の五百津真賢木を根許士爾許士て」と同様の表現があり、またサカキの「上枝」「中枝」「下枝」に勾玉などの呪物を掛けている点で、『古事記』と同系統の伝承であることは間違いない。

アメノイワヤト神話後段

故是に天照大御神見畏みて、天の石屋戸を開きて刺許母理坐しき。爾に高天の原皆暗く、葦原中国悉に闇し。此れに因りて常夜往きき。是に万の神の声は、狭蠅那須満ち、万の妖悉に発りき。是を以ちて八百万の神、天安の河原に神集い集いて、高御産巣日神の子、思金神に思わしめて、常世の長鳴鳥を集めて鳴かしめて、天安河の河上の天の堅石を取り、天の金山の鉄を取りて、鍛人天津麻羅を求ぎて、伊斯許理度売命に科せて鏡を作らしめ、玉祖命に科せて、八尺の勾璁の五百津の御須麻流の珠を作らしめて、天児屋命、布刀玉命を召して、天の香山の真男鹿の肩を内抜きに抜きて、天の香山の天の波波迦を取りて、占合い麻迦那波しめて、天の香山の五百津真賢木を根許士爾許士て、上枝に八尺の勾璁の五百津の御須麻流の玉を取り著け、中枝に八尺鏡を取り繫け、下枝に白丹寸手、青丹寸手を取り垂でて、此の種種の物は、布刀玉命、布刀御幣と取り持ちて、天児屋命、布刀詔戸言禱き白して、天手力男神、戸の掖に隠り立ちて、天宇受売命、天の香山の天の日影を手次に繋けて、天の真拆を縵と為て、天の香山の小竹葉を手草に結いて、天の石屋戸に汙気伏せて踏み登杼呂許志、神懸り為て、胸乳を掛き出で裳緒を番登に忍し垂れき。爾に高天の原動みて、八百万の神共に咲いき。（以下略）

（そこでアマテラスは〔スサノオの行ないを〕見て畏れて、アメノイワヤトを開いて閉じこもりなさった。すると高天の原は真っ暗になり、〔地上の〕葦原中国も真っ暗になった。その結果夜ばかりになってしまった。そこであらゆる神々の声が、五月〔梅雨時〕の蠅の羽音のようにみなぎり、あらゆる災いが生じた。そこで、八百万の神々が、天安の河原に集まって、高御産巣日神の子の思金神によく考えさせて、常世の国の長鳴鳥〔鶏〕を集めて鳴かせて、天安河の河上の聖なる堅い石を取り、聖なる金山の鉄を取りて、鍛冶人の天津麻羅を招いて、伊斯許理度売命に命じて鏡を作らせ、玉祖命に命じて、大きな澄んだ勾玉を作らせて、天児屋命、布刀玉命を呼び寄せて、天の香山の男鹿の肩を内抜きに抜いて、天の香山の天の波波迦〔カニワザクラ〕を取って、〔神意を知るために〕占合いをさせて、天の香山の聖なる榊を根ごと掘り取って、上の枝に大きな澄んだ勾玉を取り着け、中の枝に大きな鏡を取り掛け、下の枝に白い幣〔楮の皮〕と青い幣〔麻の繊維〕を取り垂らして、これらの物は、布刀玉命が、聖なる御幣として取り持って、天児屋命が、聖なる祝詞を述べて、天手力男神が、戸の脇に隠れ立って、天宇受売命が、天の香山の聖なるヒカゲノカヅラを襷掛けにして、聖なるツルマサキをカヅラとして頭に着けて、天の香山の笹の葉を手に結んで、天の石屋戸に中空の容器を伏せて踏み轟かし、神懸かりして、乳房を引き出し裳の紐を陰部〔「番登」〕にまで押し下げた。すると高天の原がどっと揺れて、八百万の神が一斉に笑った。）

すなわち、現山口県あたりの女族長・女酋が行なっていた祭祀と、天皇氏族系統の高天原神話の神々が行なっている神話とがほぼ同質なのである。

考古学的には、『魏志』倭人伝に「卑弥呼が死んだ。大きな塚を作った。直径百余歩」とあるように、卑弥呼が巨大な墳墓（古墳）に葬られたとあり、その墳墓が箸墓古墳（奈良県）だとする説もある。それだけでなく、箸墓古墳以外にも、女族長・女酋の墳墓と思われる古墳が、九州から関東までの地域で発見されている。このことについて、清家章『卑弥呼と女性首長』（学生社、二〇一五年）は次のように述べている。

> 向野田古墳のような地域首長墓において女性が主要埋葬施設に葬られている例はいくつも確認される。人骨が遺存していた例としては、京都府大谷古墳例や山口県赤妻古墳の例がある。前者は全長三二mの小規模前方後円墳であり、後円部墳頂部には箱形石棺が埋置されていた。石棺内に熟年前半の女性人骨が納められていた。（略）古墳時代中期の古墳と考えられている。後者は古くから女性人骨が検出されたことで知られる。同じく古墳時代中期の古墳で直径三〇mの円墳である。

さらに清家同書は、「石釧あるいは車輪石が被葬者の腕部に置かれる埋葬施設には、女性が埋葬されていると考えられる」と述べ、「腕輪の配置から女性首長であると確認された事例」として、熊本県一例、大分県二例、広島県一例、岡山県二例、大阪府三例、奈良県三例、滋賀県一例、福井県一例、群馬県一例、千葉県二例、茨城県一例の計十八例を示し、このうちの九例（うち一例は「?」扱いである）が前方後円墳だとしている。前方後円墳は、この地域が畿内の大和朝廷の勢力圏に入っていたことを示すとされている。

この、九州から茨城県にまで及ぶ女性首長古墳の存在は、先に見た、『風土記』『日本書紀』の女族長・女酋の記述が九州を中心に関東圏（茨城県）にまで及んでいたこととも一致している。

繰り返せば、邪馬台国（ヤマト）の卑弥呼（女性シャーマン）と男弟（男性族長）の二重構造王権システムは、日本列島の各地域に同質のものを共有していて、その基本構造が、六〇〇、七〇〇年代の〈古代の近代〉における日本古代国家成立期にも継承されていたと考えられる。そのうちの、女性シャーマン的部分は、天皇の娘や姉妹が斎王となる斎宮制度へと変質し、さらには大宝律令（七〇一年）以後では、行政性が太政官（だいじょうかん）に、宗教性が神祇官（じんぎかん）によって担われる二官八省システムとなった。その後、武士政権が登場すると、幕府が行政性を担い、宗教性の部分は天皇存在の全体が担うようになった。明治維新（一八六八年）以後の近代日本においては行政性と宗教性を兼ね備える天皇制が復活したが、敗戦（一九四五年）以後の民主主義日本では、象徴天皇制として宗教性・文化性に特化する形で存続して二十一世紀の現在にまで至っている。

卑弥呼・アマテラス・ヤマトトヒモモソヒメ

ところで、アメノイワヤト神話前段では、天照大御神（あまてらすおおみかみ）（天照大神とも表記される）が

「大嘗」（のちの新嘗祭の原儀礼）を主宰している描写がある。

アメノイワヤト神話前段

爾に速須佐之男命、天照大御神に白ししく、「我が心清く明し。故、我が生める子は手弱女を得つ。此れに因りて言さば、自ら我勝ちぬ。」と云して、勝佐備に、天照大御神の営田の阿を離ち、其の溝を埋め、亦其の大嘗を聞看す殿に屎麻理散らしき。故、然為れども天照大御神は登賀米受て告りたまいしく、「屎如すは、酔いて吐き散らす登許曽我が那勢の命、如此為つらめ。又、田の阿を離ち、溝を埋むるは、地を阿多良斯登許曽我が那勢の命、如此為つらめ。」登詔り直したまえども、猶其の悪しき態止まずて転かりき。天照大御神、忌服屋に坐して、神御衣織らしめたまいし時、其の服屋の頂を穿ち、天の斑馬を逆剝ぎに剝ぎて堕し入るる時に、天の服織女見驚きて、梭に陰上を衝きて死にき。

（このときスサノオがアマテラスに、「私の心は清く正しい。だから、私の物から生まれた子が女子だったのだ。だから、私の勝ちだ」と言って、勝ちに乗じて、アマテラスの神田の畦を壊し、その溝を埋め、また〔アマテラスが〕大嘗の儀礼を行なっている建物に屎をし散らかした。そこでアマテラスは、〔スサノオが〕そのような行ないをしたにもかかわらず咎めずに言った、「屎のように見えたのは、酒に酔って吐き散らしたから、いとしいあなた〔「我が那勢の命」〕はこのようにしたのであろう。また、田の畦を壊し、溝を埋めたのは、その土地〔「田」〕が素晴らしいので嫉妬のあまり、いとしいあなたはそんなことをしたのであろう」と悪い現実を言霊の呪術で良いことへと言い換えてしまおう〔「詔り直し」〕としたけれども、〔スサノオの〕悪い行ないはなお止まず、ますますひどくなった。アマテラスが、神聖な機織り部屋にいて、神の衣〔「神御衣」〕を〔機織りの巫女に〕織らせていたときに、その機織り部屋の屋根に穴を開け、神聖な斑ら模様の馬の皮を逆に剝いで投げ入れたところ、神聖な機織り巫女が驚いて、梭で陰部を衝いて死んだ。〕

このように、『古事記』神代と『日本書紀』神代のアメノイワヤト神話では、女神であるアマテラスが「大嘗」(記)、「新嘗」(紀)を主宰しているのであった。

詳しくは『古事記誕生――「日本像」の源流を探る』(中公新書、二〇一二年)で述べたが、私は、アメノイワヤト神話の最古層は長江(揚子江)以南地域から日本列島にまで延びる太陽復活神話圏の中にあったのであり、その太陽の仮死(日食あるいは冬至)から復活（再生）へという神話の上に、卑弥呼の死から台与としての復活というおそらくは歴史的事実が神話化されて重なったと考えている。そしてそれらの上にさらに、稲が収穫されて次にまた芽を出して稔るという稲の復活の呪術的儀礼が重なり、それがのちに、天皇国家の国家祭祀として前天皇の死（あるいは譲位）から新天皇としての復活を演じる大嘗祭へと進化したのである。

　このアメノイワヤト神話におけるアマテラスのように、日本列島根生いのアニミズム系の呪術・祭祀にかかわる女神や女性リーダーの存在は、『古事記』『日本書紀』『風土記』に、多くの伝承を残している。

　たとえば、崇神天皇（十代）のときのこととして、『日本書紀』には、男王（崇神天皇）が、疫病流行、人民流浪、社会混乱といった「災」の原因を、みずからが亀の甲を焼く占いをして突きとめようとしたときに、大物主神が倭迹迹日百襲姫命（七代孝霊天皇の皇女）に乗り移って「私を敬い祀れば、必ず平穏になる」という託宣を下したとある。

　崇神天皇条は、神話的記述が混じり込んでいる段でもあり、崇神天皇自体が実在かどうかも確定できないし、実年代もはっきりしない、いわば伝承の中の大王である。さしあたり、弥生時代のあとの古墳時代の初めごろ（三〇〇年代初頭）の大王・族長と考えておくと、疫病流行、人民流浪、社会混乱といった「災」の際には、倭迹迹日百襲姫命のような巫女(みこ)に神を乗り移らせてその原因を探ったうえで、神祭りをしていたらしいと推測できる。すると、この倭迹迹日百襲姫命を『魏志』倭人伝の卑弥呼に、崇神天皇を「男弟」に比定する説が出てくる(日本古典文学大系『日本書紀』上、二三九ページ頭注)のは当然であろう。

神功皇后と託宣

『古事記』『日本書紀』に登場する女神や女性リーダーなどの中で、卑弥呼時代の、行政は「男弟」が担当、宗教的超越性の部分は女性シャーマンが担うという二重構造王権システムの、女性シャーマンの部分の残影としてみることのできる代表的人物は、仲哀天皇(十四代)の皇后、神功皇后であろう。以下、『古事記』仲哀天皇段から引用する(『日本書紀』にも同系統の記述がある)。

天皇(すめらみこと)筑紫(つくし)の訶志比宮(かしひ)に坐(ま)しまして、熊曽国(くまそ)を撃たんとしたまいし時、天皇御琴(みこと)を控(ひ)かして、建内宿禰大臣(たけしうちのすくねのおおおみ)沙庭(さにわ)に居て、神の命(みこと)を請いき。是(ここ)に大后(きさき)神を帰(よ)せたま

――いて、言教え覚し詔りたまいしく、「西の方に国有り。金銀を本と為て、目の炎耀く種種の珍しき宝、多に其の国に在り。吾今其の国を帰せ賜わん」とのりたまいき。爾に天皇答えて白したまいしく、「高き地に登りて西の方を見れば、国土は見えず。唯大海のみ有り」とのりたまいて、詐を為す神と謂いて、御琴を押し退けて控きたまわず、黙して坐しき。爾に其の神、大く忿りて詔りたまいしく、「凡そ茲の天の下は、汝の知らすべき国に非ず。汝は一道に向いたまえ」とのりたまいき。是に建内宿禰大臣白しけらく、「恐し、我が天皇、猶其の大御琴阿蘇婆勢【音注あり】」ともうしき。爾に稍に其の御琴を取り依せて、那麻那摩邇【音注あり】控き坐しき。故、幾久もあらずて、御琴の音聞えざりき。即ち火を挙げて見れば、既に崩りたまいぬ。爾に驚き懼じて、殯宮に坐せて、更に国の大奴佐【音注あり】を取りて、生剝、逆剝、阿離、溝埋、屎戸、上通下通婚、馬婚、牛婚、鶏婚の罪の類を種種求ぎて、国の大祓を為て、亦建内宿禰沙庭に居て、神の命を請いき。是に教え覚したまう状、具さに先の日の如くにして、「凡そ此の国は、汝命の御腹に坐す御子の知らさん国なり」とさとしたまいき。

（天皇〔仲哀天皇〕が、九州の香椎の宮にいらっしゃって、熊襲の国を討とうとなさっていたときに、天皇は〔神降ろしのために〕琴をお弾きになり、建内宿禰大臣が神降ろしの斎場にいて、神のお言葉を乞うた。すると皇后〔神功皇后〕に神が乗り移って、託宣で教えなさったことには、「西のほうに国がある。金銀をはじめとして、目もくらむようなさまざまな珍しい宝物が、たっぷりとその国にある。私は今その国を〔お前に〕帰服させてやろう」とおっしゃった。そこで天皇が答えて、「高いところに登って西のほうを見たが、国土は見えない。ただ大海があるだけだ」とおっしゃって、「嘘をいう神だ」ともいって、琴を押しのけてもうお弾きにならずただ沈黙していらっしゃった。するとその神は激しく怒って、「そもそもこの地上世界は、お前の統治すべき世界ではない。お前は死者の世界〔黄泉の国〕に向かいなさい」とおっしゃった。そこで建内宿禰大臣は、「恐れ多いことでございます、我が天皇様、やはりその琴をお弾きくださいさい」と申し上げた。そこで天皇はゆっくりと琴を引き寄せて、しぶしぶとお弾きになった。すると、まもなく、琴の音が聞こえなくなった。すぐに灯をともして見ると、天皇はすでにお亡くなりになっていた。そこで〔神功皇后は〕驚き恐れ、〔仲哀天皇の遺骸を〕殯(もがり)の宮に安置申し上げ、そのうえさらに、国中から神への供え物を提出させて、生剝、逆剝、阿離、溝埋、屎戸、上通下通婚、馬婚、牛婚、鶏婚といったさまざまな罪を呼び寄せて、〔それらを祓い遣る〕国全体の大祓をして、またあらためて建内宿禰大臣が神降ろしの斎場にいて、神のお言葉を乞うた。すると〔神が神功皇后に乗り移って〕託宣で教えなさったことには、先日の内容と同じことであったうえに、「およそこの地上の国は、お前・皇后の腹の中におられる御子〔のちの十五代応神天皇〕が統治する国である」と託宣なさった。〕

このあとには、乗り移ってきた神が、自分たちは「天照大神」と「底筒男、中筒男、上筒男」（住吉神社の三神）だと託宣する。そして、神功皇后は、軍船を整えて朝鮮半島へ侵攻し、その後九州に帰国したところで「御子」（のちの応神天皇）を出産したとする伝承が続く。

この引用部分では、仲哀天皇自身が神降ろしの琴を弾いている。これは、先に紹介したように、崇神天皇（十代）自身が、「災」の原因をみずから亀の甲を焼く占いをして突きとめようとした点と同じである。

『日本書紀』神武天皇（初代）即位前紀では、男王である神武天皇自身が高皇産霊尊の依り代となり、「稲魂女」と呼ばれる食べ物を神に捧げる祭りを行なっている。神武・崇神・仲哀天皇条で、男王（大王・族長）自身も祭りの一角を担っているところが、卑弥呼以後の古墳時代の王の特徴であろう。

しかし、神武・崇神・仲哀天皇条すべてで、稲魂女・倭迹迹日百襲姫命・神功皇后が、重要な位置を占めているのは、邪馬台国の卑弥呼（女性シャーマン）と男弟（男性族長）の二重構造王権システムのうちの、女性シャーマンが担った宗教性の部分の延長線上にあるとしてよい。

「天皇」扱いだったかもしれない神功皇后・イイトヨノイラツメ

ところで、神功皇后は、江戸時代までは天皇として位置づけられていたので、それまでは十五代天皇は応神天皇ではなく「神功天皇」であり、応神天皇は十六代天皇であった。神功皇后を歴代天皇の記述である「本紀」から外し、皇后・中宮の記述である「列伝」に入れた、つまり天皇ではないとしたのは、明治三十九年（一九〇六）完成の『大日本史』からだという（原武史『〈女帝〉の日本史』NHK出版新書、二〇一七年）。

また、『古事記』の「古事記下巻」という表題には、「大雀皇帝【十六代仁徳天皇】起り豊御気炊屋比売命【三十三代推古天皇】に尽るまで、凡そ十九天皇」という割り注が付けられている。『古事記』『日本書紀』では、仁徳天皇から推古天皇までは十八天皇なので、この割り注の「十九天皇」という数え方には、履中天皇（十七代）の娘である飯豊郎女（青海郎女とも。『古事記』清寧天皇条では忍海郎女、飯豊王）を歴代天皇の一人として数えた場合があったからではないかともいわれている（日本思想大系『古事記』岩波書店、一九八二年、補注）。中村生雄も『折口信夫の戦後天皇論』（宝藏館、一九九五年）で次のように述べている。

> 彼女【飯豊郎女】は、【『日本書紀』顕宗天皇即位前紀では】「女王」とも「尊」とも尊称されているところから、女帝として即位していたと見るものも多く、後代の『扶桑略記』【神武天皇から堀河天皇の一〇九四年までの編年史、一一〇〇年代末】や『皇胤紹運録』【天皇・皇族の系図をまとめたもの、一四二六年】などは「飯豊天皇」の名で正式に歴代に入れているほどである。彼女が即位していたとすれば、むろんのこと史上初の女帝ということになる。

史料を確認しておくと、『扶桑略記』（〈国史大系〉第六巻、経済雑誌社、一八九七年）では、まず神功皇后は「神功天皇（十五代　治六十九年　王子一人即位　女帝始之）」となっていて、その「神功天皇」は「十五代」

【飯豊郎女の系譜】

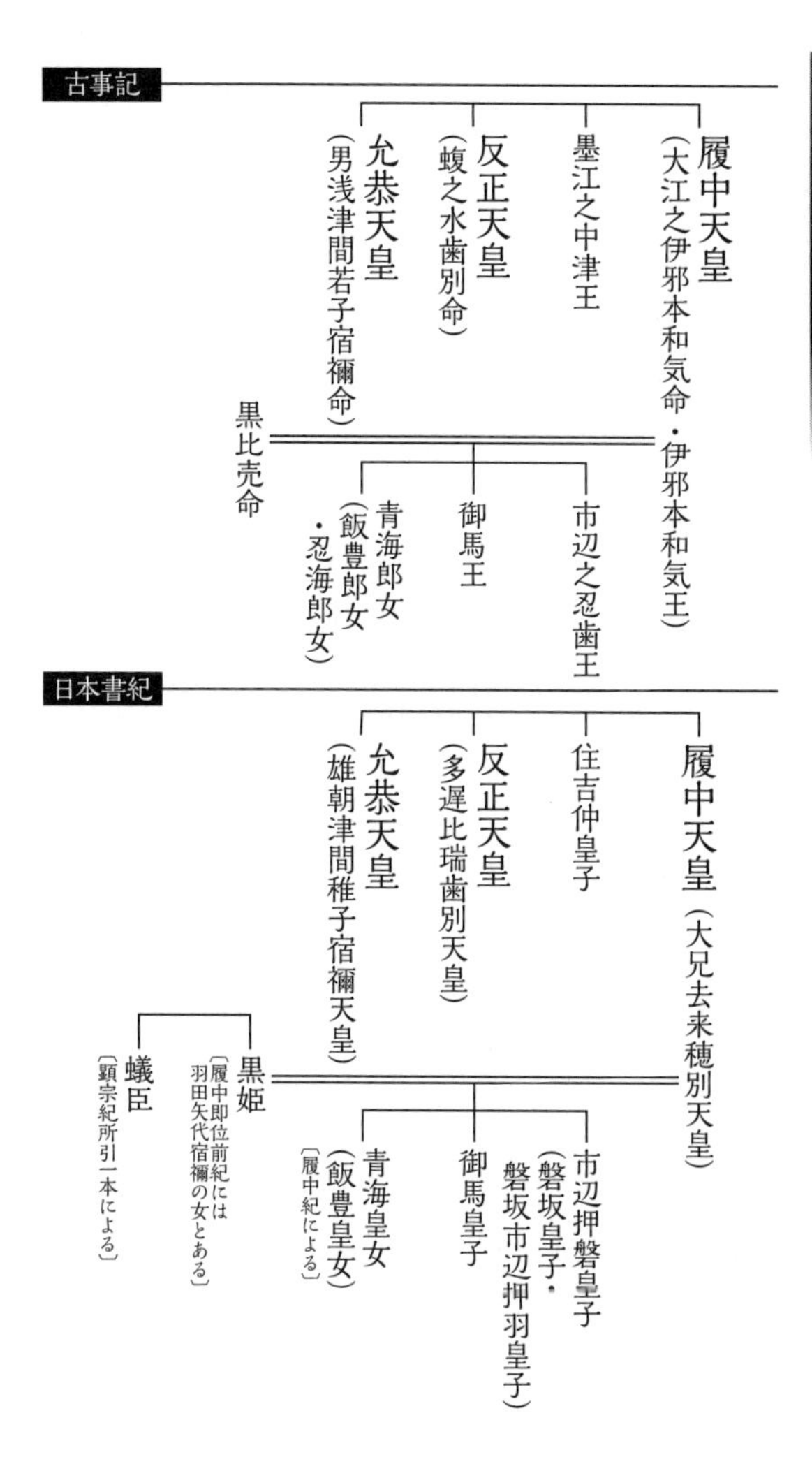

古事記
履中天皇（大江之伊邪本和気命・伊邪本和気王）
墨江之中津王
反正天皇（蝮之水歯別命）
允恭天皇（男浅津間若子宿禰命）
黒比売命
市辺之忍歯王
御馬王
青海郎女（飯豊郎女・忍海郎女）
日本書紀
履中天皇（大兄去来穂別天皇）
住吉仲皇子
反正天皇（多遅比瑞歯別天皇）
允恭天皇（雄朝津間稚子宿禰天皇）
黒姫
〔履中即位前紀には羽田矢代宿禰の女とある〕
蟻臣
〔顕宗紀所引一本による〕
市辺押磐皇子（磐坂皇子・磐坂市辺押羽皇子）
御馬皇子
青海皇女（飯豊皇女）
〔履中紀による〕

天皇であり、かつ「女帝之に始まる」と注記されているので、『扶桑略記』によれば「神功天皇」こそが「史上初の女帝」だということになる（引用した中村説は飯豊郎女を「史上初の女帝」だとしているので、修正が必要）。また飯豊郎女の注記には「飯豊天皇廿四代 清寧天皇養子 女帝 無王子「履中女」」とあり、「廿四代」の「飯豊天皇」でかつ「女帝」とされている。

『本朝皇胤紹運録』（洞院満季編、国立国会図書館デジタルコレクション）では、「神功皇后」という表記に「第十五代」という朱書き（後世に付けられた注）が添えられているので、「天皇」扱いになっていることは間違いない。一方の飯豊郎女も、確かに「飯豊天皇」と表記されている（ただし、「第〇代」という朱書きが無いが）。

先にも引用したように、「『初代』神武から『二五代』武烈までの間には多くの実在しない天皇名が含まれている」（義江明子「女帝と女性天皇――八代六人の実像」）のだし、「父から息子へという継承順序も鵜呑みにできない」（同）のだから、記紀の初期天皇系譜は信用性が低いものだという前提を確認しておく必要がある。したがって、神功皇后と飯豊郎女、あるいはそれ以外の誰かも女族長・女酋として初期天皇系譜のどこかに「天皇」として存在していたかもしれないという想定をしておくべきであろう。そしてそこには、当然のこととして、族長位の女系継承も存在していたであろう（記紀編纂の段階では削除されたのであろうが）。

そもそも、「天皇」という呼称にしても、その典拠は中国古典籍の中にあり、それを借用して「七世紀に入ってからそれまでの『おおきみ（大王）』に代わる公式称号として使用されるようになったのであろう」（『国史大辞典』）とされている。大山誠一『天孫降臨の夢』（NHKブックス、二〇〇九年）は、さらに次のように述べている。

天皇号の成立については、（略）今日では、中国で、唐の高宗の六七四年（上元元）に、君主の称号が「皇帝」から「天皇」に代わったが、その情報が、天武朝（六七二～六八六）に伝わり、持統三年（六八九）に編纂された飛鳥浄御原令において正式に採用されたというのが定説となっている（増尾伸一郎【「天皇号の成立と東アジア」大山誠一編『聖徳太子の真実』平凡社】、二〇〇三年）。

このように、六〇〇年代末に、舶来称号「天皇」を「てんのう（天の王？）」と訓み変えて、日本オオキミ（大王）の称号として借用し、その天皇号を『古事記』『日本書紀』は初代神武から五〇〇年代までの大王・族長にまで遡って付けてしまったために、あたかも初代以来、「天皇」という称号を持つ一つの氏族が連続しているかのような錯覚を生み出しやすくなってしまった。この錯覚は、近代国家誕生の明治日本においてさらに強化され、その結果、『古事記』『日本書紀』成立から約一三〇〇年を経た二十一世紀の現代でも、「二〇〇〇年にわたって……同じ一つの王朝【皇室】を保ち続けている国」（第二章参照）というような像を生み出しやすくさせているのである。

また、『古事記』『日本書紀』の編纂者たちは、天皇号の過去への適用だけでなく、天皇氏族に有利な系譜を作り上げるという、世界中のあらゆる権力者たちの系譜作りと同じことを行なったはずであろう。

結論からいえば、『古事記』『日本書紀』の天皇系譜は、唐皇帝の男系男子継承を模倣した七〇〇年代初頭の天皇政権によって男系に整えられたものであり、そのときに創作・改変・捏造なども生じたことであろう。二十五代武烈天皇くらいまでの系譜は特に、無文字時代に音声だけで伝承されてきた変化しやすい系譜が基礎になっていたのだから、編纂時の原資料として用いられたときにはすでにさまざまな変化を含んでいたはずであり、その上に編纂時の創作・改変・捏造も加わったとみるべきである。その中で、かろうじて女性始祖の痕跡を残したのが、前章で見たように、『古事記』の欠史八代のうちの二代綏靖天皇の妻、四代懿徳天皇の妻の系譜だったのである。そして、先にも述べたように、のちの神功皇后や飯豊郎女は女族長（女性天皇）だったのであり、それぞれに女系の族長（天皇）系譜が存在していたのかもしれないと考えるべきであろう。

血統より霊的資質が天皇存在の根拠——折口信夫「女帝考」

ところで、天皇制の本質を、男系か女系かという血統の次元を超えて、神と天皇のあいだに位置する「中天皇」によって与えられる霊的資質にあるのだと、折口信大「女帝考」（初出一九四六年、『折口信夫全集』第二十巻、中央公論社、一九五六年）が論じている。折口は、先に触れた飯豊郎女（十七代履中天皇の娘）や神功皇后を根拠にして、次のように述べた。

宮廷にあつて、御親ら、随意に御意志をお示しになる神、又は天皇の側から種々の場合に、問ひたまふことある神があつた。その神と天皇との間に立つ仲介者なる聖者、中立ちして神意を伝へる非常に尊い聖語伝達者の意味であつて見れば、天皇と特別の関連に立たれる高巫であることは想像せられる。

先に、崇神天皇（十代）のときに、崇神天皇が、疫病流行、人民流浪、社会混乱といった「災」の原因を亀甲焼きの占いで突きとめようとしたときに、大物主神が倭迹迹日百襲姫命（七代孝霊天皇の皇女）に乗り移って託宣を下したという『日本書紀』の伝承を紹介した。また、神功皇后に乗り移ってきた神が、自分たちは住吉神社の三神だと託宣した『古事記』仲哀天皇段の伝承も引用した。これら倭迹迹日百襲姫命・神功皇后が、折口の言う「神と天皇との間に立つ仲介者なる聖者、中立ちして神意を伝へる非常に尊い聖語伝達者」にあたる。

また折口は、「皇后とは中つ天皇であり、中つ天皇は皇后であることが、まづひと口には申してよいと思ふのである。此点やはり、飯豊皇女【飯豊郎女・飯豊王】は、中天皇と言ふ名称のない時代であつても、事実は中つ天皇であらせられたことも考へてよからう。」としたうえで、次のように述べた。

> 中天皇が神意を承け、其告げによつて、人間なるすめらみことが、其を実現するのが、宮廷政治の原則だつた。さうして、其両様並行して完備するのが、正常な姿であ

つたのが、時としては、さうした形が行はれずに、片方のなかつすめらみこと制だけが行はれることがあつた。さうして、其が表面に出て来ることが、稀にはあつた。此がわが国元来の女帝の御姿であつた。だから、なかつすめらみこと単式の制で、別に誰かゞ実際の政務を執れば、国は整うて行つたのである。（傍線、原文）

このように、「神意」を受け、人間である天皇に伝える女性シャーマンが、単独で「表面に出て来ることが、稀にはあつた」のであり、それが「わが国元来の女帝」の姿だったとする折口の論について、前出の中村生雄『折口信夫の戦後天皇論』は、「天皇たる資格を血統よりも霊的資質に求めようとする折口独自の見解」だとしたうえで、次のように述べた。

折口のこうした言説を延長していけば、〈万世一系〉神話に依拠する天皇制は一挙にその根拠を失うのは明白であった。というのは、天皇が神聖にして至尊である根拠は、その血筋によってではなく、中皇命【中天皇】という特殊な霊能力の所有者によって与えられるのであって、しかもその中皇命の地位は決して皇族出身女性の独占ではなかった、というのが折口の見解の帰着するところにほかならないからである。

このように、天皇が「神聖にして至尊である根拠」は、「特殊な霊能力の所有者によって与えられる」とするとき、邪馬台国の「女王」卑弥呼の存在が思い出されるであろう。またその地位は、「皇族出身女性の独占ではなかった」とするのも、『魏志』倭人伝の卑弥呼の宗女（跡継ぎの娘）台与が思い出される。

卑弥呼の登場は、一八〇年ごろと推定されている。このときに仮に二十歳だったとすれば、二四七年の死の時には、八十七歳だったことになる。このとき宗女トヨは十三歳だったということなので、これは卑弥呼の実の娘ではなかったと推定される。

『魏志』倭人伝には、卑弥呼は「年はすでに長大だが、夫婿（夫）はなく」とあるので、夫はいなかったようである。倭国では、すでに男王たちの統治権ができあがっていたし、「国の大人はみな四、五婦、下戸もあるいは二、三婦」とあるので一夫多妻制でもあった。そのような中にあって、夫を持たない（男を近づけない）というのは、卑弥呼が普通の〈女〉とは別次元の存在であることを示し、卑弥呼の神秘性・超越性を高めるための戦略の一つであった可能性がある。とすれば、トヨが、卑弥呼の孫であった可能性も無い。

「王となってから、朝見（拝謁）する者は少なく、婢千人をみずから侍らせる」とある「婢千人」は、卑弥呼が男を近づけないことの監視役でもあり、証言者でもあったろう。「ただ男子一人がいて、飲食を給し、辞を伝え、居処に出入する」とある「男子一人」も、「婢千人」の監視の目の中では、性関係に及ぶなどということはありえなかったであろう。すなわち、卑弥呼の超越性は、血統によってではなく、「霊的資質」によってこそ維持されるものだったのであろう。とすれば、トヨもまた、血統によってではなく、「霊的資質」によって跡継ぎとなったのであろう。

　折口の女帝論は、天皇存在の最も深い根拠を、邪馬台国の「女王」卑弥呼に類する、「神と天皇との間に立つ仲介者なる聖者」としての女性シャーマンに求めるものである。私の考えは、基本的に折口のこの考え方と同方向である。縄文時代以来の、女性に敬意を覚える感性（土偶のほぼすべてが女性）の延長線上に、弥生時代晩期の女性シャーマン卑弥呼が登場したのだが、しかし古墳時代を経て〈古代の近代〉の天皇制国家成立の過程でその女性原理的部分が徐々に減衰していったものと思われる。それでも、推古天皇（三十三代）をはじめとする女性天皇の登場や、斎宮の制度化、持統天皇（四十一代）で整備が開始されたと思われる大嘗祭の前半部の主役として造酒児（造酒童女）という神聖童女が残されたことなど、天皇存在の女性原理的部分は脈々と生き続けた。

先にも述べたように、天皇存在のこの女性原理の部分を極力排除し、男性原理だけで覆い尽くそうとしたのが、十九世紀末の明治政府であった。天皇存在は、一九四五年の敗戦後は行政王・武力王・財政王の部分をほとんど失ったのだから、二十一世紀の現代では、神話王・呪術王いわば文化王の存在に特化すべきである。そして民主主義社会になった今こそ、その文化王の部分の根底にある、縄文・弥生時代以来の女性原理的部分の復活が強く望まれるのである。

ヤマト国家では女性天皇が許容されていた

論を元に戻せば、邪馬台国(ヤマト)の卑弥呼(女性シャーマン)と男弟(男性族長)の二重構造王権システムや、縄文時代以来の、女性を特別の存在とする観念に発する女性原理重視の理念が、三〇〇年代以後の古墳時代にも継承されていたと思われる。その結果、六〇〇年代以後には、男系男子継承を絶対とする唐の皇帝位継承を模倣したにもかかわらず、女性天皇の登場は許容された。

笠原英彦(かさはらひでひこ)『女帝誕生——危機に立つ皇位継承』(新潮社、二〇〇三年)によれば、古代の東アジアでの女帝の即位は、三十三代推古天皇（在位五九二～六二八年）が最初であった。これが可能になったのは、ヤマト文化の伝統の中では、女性王の登場はそれほど違和感がなかったからだろう。

六〇〇年代では、推古天皇の次に新羅の善徳女王（在位六三二～六四七年）、真徳女王（在位六四七～六五四年）、最後に中国史上ただ一人の例外としての女帝、唐の則天大聖皇帝（武則天・則天武后、在位六九〇～七〇五年、しかし結局は「武后」という称号がついて回ったが）だった。笠原英彦同書によれば、新羅の女王即位は「唐をはじめ隣国の百済や高句麗からは一様に侮られた」し、「中国では新羅以上に、女帝の即位を忌避する考え方が伝統的に根強かった」という。

ヤマト国家では、女性天皇は、推古天皇（三十三代）のあと、江戸時代の明正天皇（一〇九代、即位一六二九年）、後桜町天皇（一一七代、即位一七六二年）まで八名十代が登場した。しかし、この女性天皇容認の伝統を、強引に女性天皇絶対否定の方向に切り替えたのが、幕末の武力闘争を勝ちぬいた武闘派に牽引された明治政府であった。

男系男子継承絶対主義は唐の皇帝制度の模倣

王（皇帝）が男系継承でかつ男性でなければならないというのは、もともとは中国の主として漢民族（漢族）の思想であった。このような「女帝の即位を忌避する」（笠原英彦前出書）伝統とは違って、ヤマト文化には、卑弥呼以来の女性リーダーの伝統があったので、東アジア最初の女帝として推古天皇を登場させることにも違和感が生じなかったのであろう。

なお、女性天皇は、「皇位継承上の困難な事情のある時、先帝または前帝の皇后が即位するという慣行があったのであり、それが女帝の本来のすがたであった」（井上光貞『日本古代国家の研究』岩波書店、一九六五年）という説に代表されるように、次の男性天皇までの〝中継ぎ〟〝代役〟のような存在だとされることが多い。確かに、即位のきっかけは「皇位継承上の困難な事情」という状況であったことは否定できないが、天皇になってからは、男性天皇に劣らない本格的な統治を行なった女性天皇が多い。たとえば、推古天皇は、摂政（聖徳太子）と力を合わせて、遣隋使の派遣（六〇〇、六〇七年）などを含めて、三十六年もの長期にわたって初期天皇国家の基礎作りをした。三十五代皇極天皇（在位六四二～

六四五年）、三十七代斉明天皇（皇極天皇の重祚、在位六五五～六六一年）は、乙巳の変（大化の改新、六四五年）を経て、土木事業や朝鮮半島の百済支援行動などを指導した。

女性天皇の中でも特に大きな位置を占めるのは、四十一代持統天皇（称制六八六～六八九年、在位六九〇～六九七年）である。「第三章〈古代の古代〉と〈古代の近代〉」で述べたように、持統は天武天皇の皇后として、さまざまな〈古代の近代化〉に取り組んだだけでなく、天武没後もその流れを絶やすことなく、伊勢神宮の式年遷宮の開始（六九〇年）、藤原京建設（六九四年）、大宝律令（七〇一年）の完成など、実利性重視の行政組織とアニミズム系文化の祭祀機関から成る統治機構を整備した。

これらヤマト文化の、女性リーダーに違和感を覚えない伝統を大きく唐風の王位継承の方向に動かしたのは、律令制度の導入などの〈古代の近代化〉の急激な進行であったのだろう。即位の礼や朝賀などの際に天皇が座る八角形の屋根を持つ「高御座」も、基本の形は唐皇帝の椅子を模したものであった。

これらを総合すると、日本列島にはもともと男系（父系）と女系（母系）が併存していて、おそらく臨機応変に（つまり柔軟に）両者が使い分けられていたのだが、中国漢民族伝統の男系（父系）観念が流入してくるとともに、徐々に（五〇〇年代くらいから）大王

（族長）の系譜は男系（父系）が良いとする観念が優位になり始めたのであろう。六〇〇年代末の天武・持統天皇期に本格的な古代国家形成に向かい始めると、七〇一年には大宝律令が制定されて律令制国家形成が一段と進み、その中で唐の皇帝制度の模倣にも拍車がかかった。四十二代文武（もんむ）天皇（在位六九七〜七〇七年）のころに天皇の男系系譜が、それまでの系譜にいくつかの創作・改変・捏造などを加えて確定され、それが『古事記』（七一二年）、『日本書紀』（七二〇年）の天皇系譜として文字（漢字）で固定化されて、権威化されたのであろう。

このように見てくると、天皇の男系継承は、その多くの部分が、紀元前以来の漢民族の男系（父系）優位観念の影響や唐の皇帝制度の模倣によって形成された可能性が高くなる。ただし、そうした外来文化系統のものだとしても、それを一三〇〇年にわたって維持してきたのだから、「無形民俗文化財」としての価値は充分に備わっているということはできる（工藤隆『大嘗祭――天皇制と日本文化の源流』中公新書、二〇一七年）。しかし、明治政府が選択した男系男子継承絶対主義は、実は唐文化模倣によって形成されたものなのに、二十一世紀初頭現在の女系天皇否定論者のように男系男子継承こそが天皇制の核心だと絶対化しすぎると、もともとは国粋主義のつもりで主張していたはずなのに、実は、皮肉にも中国文化偏愛主義になっていることに気づくべきである。

というわけで、〝日本古来の伝統〟といった言葉を用いるときの、「古来」の内容を再検討する必要がある。第二章でも述べたように、縄文・弥生から古墳時代くらいのヤマト社会の実態は、文字文献的史料の範囲ではよくわからないとするのが客観的態度なのである。しかし、学問的客観性を重視して〝確かなことはわからない〟と放置しておくと、客観的知性を重視しない人たちが、勝手な結論や、「こうあって欲しい願望」に溺れた夢物語や妄想を導き出すことがある。

そこで、次の章では、母系制あるいは、母系制と父系制が併存・交流する双系制の存在が、少なくとも弥生時代の日本列島民族に存在した可能性が高いと考えるにあたって、その具体的なあり方の想定のために、実在の母系制社会の、より具体性を帯びた調査報告の実例を見ておくことにする。

第七章　母系制民族の女系系譜の実態

母系制社会と漢民族的系譜

第五章でも述べたように、中国西南部の長江流域には、現在も母系（女系）制だったり、今は父系制だが昔は母系制だったと思われる少数民族がいくつか存在する。ただし、それらの民族の系譜意識にはいくつかの違いがあるので、以下に示す私の調査したワ族社会の事例だけを母系制社会の系譜のモデルとすることはできない。

たとえば、ナシ（納西）族と縁の深いモソ（摩梭）人（ナシ族の支系）の場合、現在でもかなり濃厚に母系制形態を残しているのだが、遠藤耕太郎「『木氏歴代宗譜』とナシ（納西）族・モソ（摩梭）人の民間系譜」（『アジア民族文化研究18』二〇一九年）によれば、「モソ人の呪的職能者ダパは、喪葬儀礼、春節、祖先祭りで系譜を唱える。ダパはトンパ経典のような文字を持たず、系譜を暗唱している。」とあり、その系譜は、ナシ族の「木氏歴代宗譜」と同じく、「人類始発の創世神」に発する系譜を語るものであった。

ナシ族は、人口約三〇万八〇〇〇人（二〇〇〇年）。雲南省西北部から四川省西南部にかけて居住し、精霊信仰（アニミズム）を基本としているが、トンパ教という宗教も持っている。

濾沽（ルグ）湖（標高2625m）の湖畔のモソ人の宿に泊まった。右端が系譜の聞き書きをした女性戸主。1995年10月26日。工藤綾子撮影

「木氏」は土司であった。土司とは、元（一二七一〜一三六八年）、明（一三六八〜一六四四年）時代に整えられた官職で、中国西南地域諸民族の現地リーダーを中央政府がその地域の長官（世襲）に任命した。そのときに、麗江ナシ族の「木」家がこの地域の土司に任命されたのである。その結果、「木氏歴代宗譜」には、漢民族の系譜に特徴的な男系男子継承の「父子連名」形式が採用されている。しかし、漢民族皇帝の系譜とは違って、「木氏四十一代の系譜は、天地開闢以来の神話的系譜と結びつけられている」のであり、それは「古代日本の天皇家（ひいては現在の天皇家）の系譜の形式と類似する。」と遠藤は述べている。

他方、モソ人社会では各家の戸主は女性で、

しかも夫にあたる男性は外部から訪問してくる通い婚であり、女性の家に同居しない。したがって、私の現地調査の際に（一九九五年十月二十一～三十日）、宿泊した家で女性戸主の老婆に家の系譜を尋ねたところ、漢民族の「父子連名」やナシ族の「木氏歴代宗譜」のようなしっかりとした系譜語りはしていないようだった。また、モソ人には厳密には結婚という概念が無いので、聞き書きで系譜を図にしてみると、夫にあたる部分が無いのが特徴的だった。

以下に紹介するワ族社会の系譜意識は、母系制社会が漢民族のような父系制社会と接触することによって受けた変容、および、そもそも母系制社会には系譜意識自体が存在していなかった可能性のあることを考えるうえで、参考になるものがあるだろう。

首狩りで知られるワ族社会を調査した

以下に示すのは、私が行なった、中国雲南省ワ族文化の第二回調査（二〇〇二年九月六～十六日、同行者：岡部(おかべ)隆志(たかし)・工藤(くどう)綾子(あやこ)、中国語→日本語通訳：張正軍(ヂャンヂョンジユン)）の報告の一部である。この調査では、父系（男系）系譜と母系（女系）系譜の交錯の実例をいくつか知ることができた。より詳しくは、工藤隆「中国雲南省ワ（佤）族文化調査報告」（『アジア民族文化研究4』二〇〇五年）を参照してほしい。

ところでワ族は、かつて、人間を殺してその首を穀物儀礼に用いる首狩り習俗を持っていたことで知られている。私は一九九六年一月に初めて、ワ族の村に入った。ワ族の首狩りは、一九〇〇年代後半まで現実に行なわれていた本物の人間生け贄（にえ）である。一九四九年の中華人民共和国成立以後は、中国政府の指導によって禁止されたが以後も散発的に行なわれ続け、鳥越憲三郎『稲作儀礼と首狩り』（雄山閣、一九九五年）によれば、一九七八年の事例を最後に首狩りをやめたらしい。

したがって、私が一九九六年に訪問したときには、実際に首狩りを行なっていた世代がまだ健在だったので、特に二〇〇二年九月の訪問のときには、生々しい体験談を聞くことができた。首狩りの実態およびワ族文化については、鳥越憲三郎『稲作儀礼と首狩り』や、李子賢（リズシエン）「中国雲南省佤族の神話と首狩り習俗」（『慶應義塾大学 言語文化研究所紀要』第19号、一九八七年）、および工藤隆「文化としての首狩り」（『中国少数民族と日本文化——古代文学の古層を探る』勉誠出版、二〇〇二年）を参照してほしいが、ワ族の首狩りの概略は以下のようなものだ。

播種（はしゅ）期の三〜五月や収穫直前に、各集落で選ばれた首狩り部隊（普通は三名）が、ほかの集落周辺に出かけて行って待ち伏せする。決行日は鶏占いで決める。各集落は襲撃されることを防ぐために、濠をめぐらしているのが普通だった（この調査時期にはすでに埋められていた）。たまたま集落の外に出て来た人間などを襲って首を切り落とす。ワ族はもちろんほかの民族でもかまわない。年齢、男女を問わないが、できれば髭を長く伸ばした男の首が一番いいという。髭の長い頭は、知恵があり、何でも言う勇気があり、すべてに能力があることの象徴、あるいは、陸稲などが豊かに稔っていることの象徴だからである。

首を切り離したあとの胴体はその場に残し、首だけを袋に入れて一目散に自分の村に逃げ帰る。全村民が酒を持って村の入口で出迎える。その首を池で洗い、木鼓房の前の首載せ棒の上に置き、口に酒を含ませなどする。

雲南省ワ族の全人口は約三十五万人（二〇〇〇年）であり、そのうちの西盟佤族自治県のワ族は約五万二〇〇〇人（一九八六年統計、県人口の約七割）である。南北約六十キロメートル、東西約四十キロメートル、東京都の約三分の二の広さのこの地区で、最盛期には一年間で約三〇〇の首が狩られていたという。

ところで、ワ族の首狩りには、次のような起源神話があるという（李子賢「中国雲南省佤族の神話と首狩り習俗」）。

以前は天と地はそれ程離れていなかったので、人は食物を栽培することができなかった。

天神が人間に向かって「人を一人殺して神に祭れ、そうすれば食物を栽培することができる」と言った。一人の人間がそれを聞いて彼の養子――その家族に属する奴隷――を殺し、首を切り取って神に祭った。すると果たして天は高く上り、食料が耕作できるようになった。

ワ族の首狩りの背景には、このような起源神話があり、現実の首狩り行為はその祭式的な表現である。言い換えれば、ワ族の首狩り行為は穀物の豊かな収穫のための最高の予祝儀礼なのである。

日本の場合は、『古事記』『日本書紀』のヤマタノオロチ神話のような人身御供の物語だけは多数伝承されているが、ワ族のような人間生け贄の、事実そのものの史料が無い。しかし、縄文・弥生の日本列島民族（ヤマト族）は、ワ族のような首狩りであったか、あるいはほかの形態のものであったかは別として、何らかの人間生け贄儀礼を行なっていた可能性は充分にある。環濠で守られた吉野ヶ里遺跡（佐賀県）の発掘は、登呂遺跡（静岡県）のような平和な田園風景とは別の、常に戦いの中にあった、もう一つの弥生の集落像を浮かび上がらせたからである。

それはともかく、二〇〇二年九月の第二回調査のときには、首狩り習俗とは別に、母系社会と系譜の関係についての興味深い事例に触れることができた。以下に、その一部を紹介する。

母系制を残すワ族社会の系譜

中国雲南省のワ族文化については、一九九六年一月二十日〜二十七日に第一回調査を行ない、二〇〇二年九月六日〜十六日に第二回調査を行なった。以下の資料は、そのうちの第二回調査のものである。

二〇〇二年九月八日、西盟ワ族自治県の新県都勐梭（標高一一六〇メートル）の、龍潭大酒店四〇五号室。四十二歳の民間の歌い手（男）岩聡（「聡」は「沖」とも表記）氏に来てもらって取材。ワ語→中国語の通訳は、西盟ワ族自治県民族宗教事務局の岩祥氏（男、ワ族、三十九歳、第一回調査以来六年半ぶりに再会した）。

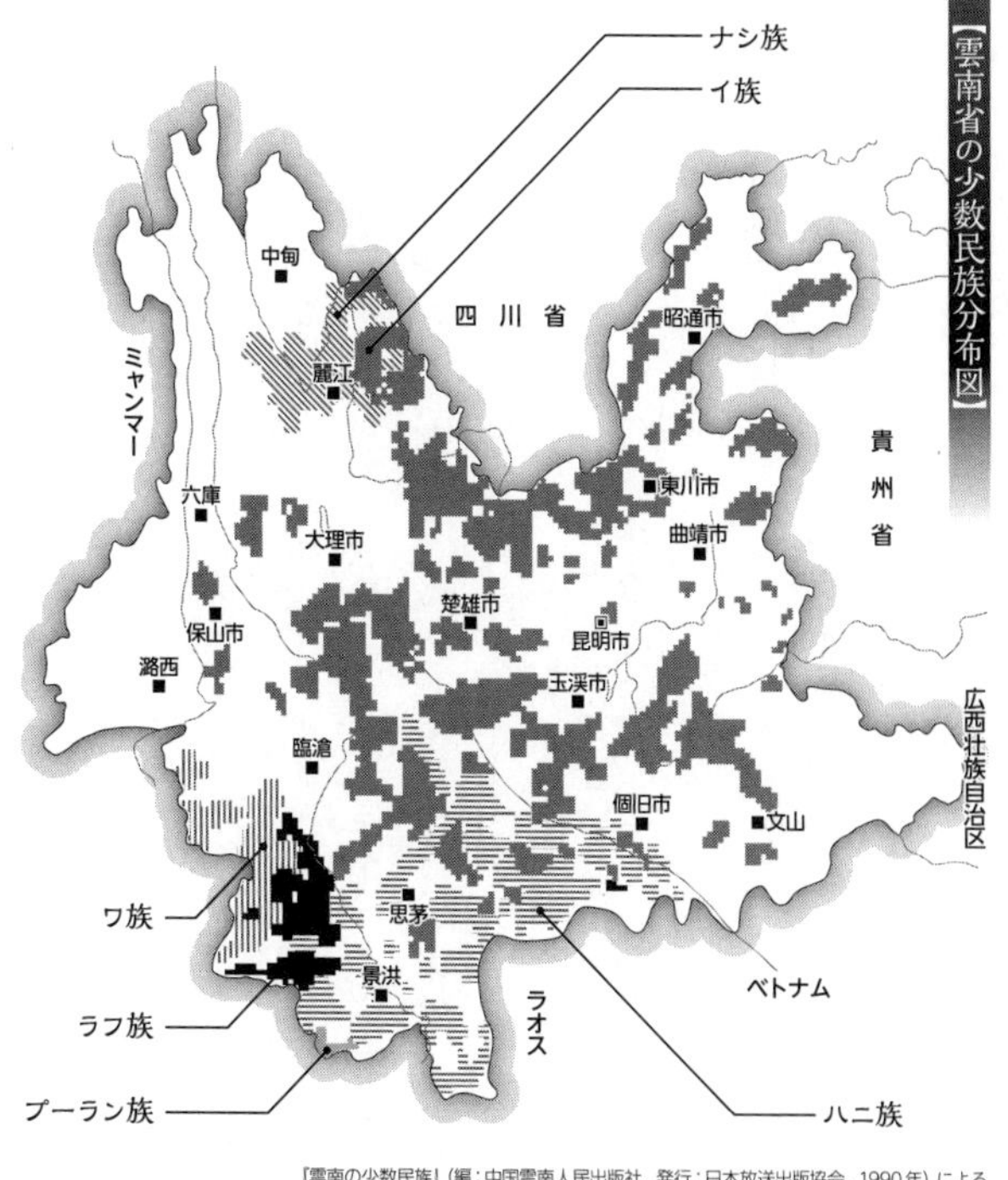

『雲南の少数民族』（編：中国雲南人民出版社、発行：日本放送出版協会、1990年）による

岩聡氏の住んでいる馬散（マーサン）村小馬散娜妥壩（ナトウオバ）は三十四戸で、一家族は四、五人。モーパ（土俗宗教職能者）は何人かいることはいるが、神話などはあまり歌えないという。

Q（工藤、以下同じ）／岩聡さんはモーパではないのに、どうして神話やいろいろの歌を歌えるようになったのか。

A／自分は「民間芸人」（民間の歌い手）だが、モーパと呼んでもかまわない。自分の家は、代々「頭人」（集落長）を務める家で、その最後の家だったので、神話などは親から子に受け継がれてきた。

Q／モーパは世襲か。

A／世襲ではない。モーパの呪術などはほかのモーパから習うこともあるが、私は歌や踊りを父から学んだ。

Q／家の系譜は覚えているか。

A／できる。司崗里（スガンリ）（ワ族の始まりの場所とされる洞窟）から現在に向かってくる歌い方もあるようだが、私はできない。私のは、現在から始まりに遡る系譜だ。ワ族の場合は、父系の系譜であり、女性は自分の父の系譜を語る。女性には姓がない。

司崗里という洞窟から出たばかりの人間は、まだ言葉が話せなかったが、㉓ングー・ゲン（三代目）（Ａ〔岩聡氏の家譜〕）の人間から話せるようになった。

ここで、「現在に向かってくる歌い方もあるようだが、私はできない」という点に、興味が引かれた。漢民族的な父子連名は、源から「現在に向かってくる歌い方」なのに、その歌い方はできないというのである。そこで、岩聡氏のできる「現在から始まりに遡る系譜」を歌って（唱えて）もらった。

盛装した岩聡氏。2002年９月８日。
工藤綾子撮影

Ａ〔岩聡氏の家譜〕以下の系譜（ニゥシゥ）は、約十八秒で唱え終わった。

①アイ・シオン（息子）②シオン・チョン（岩聡、自分）③チョン・ヂャン（父）④ヂャン・ソン（祖父、「頭人」だった偉大な人）⑤

ソン・ケヤン　⑥ケヤン・ラ（ロ）ー　⑦ラ（ロ）ー・シャン　⑧シャン・ロイ　⑨ロイ・チュー　⑩チュー・ティ　⑪ティ・ポン　⑫ポン・ケヤン　⑬ケヤン・シエン　⑭シエン・カイ　⑮カイ・カ（ク）ロウ　⑯カ（ク）ロウ・ニヤッ　⑰ニヤッ・セイム　⑱セイム・チョイ　⑲チョイ・レン　⑳レン・ヒユム　㉑ヒユム・プッ（モーパの最初の人、鶏の占いができる人、占いが吉と出ると戦争に行く、この人から戦争が始まった）　㉒プッ・ングー　㉓ングー・ゲン（言葉を話せるようになった）　㉔ゲン・ガン（司崗里(スガンリ)の「崗(ガン)」、人間の始まり）　㉕ガン・リ（司崗里(スガンリ)の「崗里(ガンリ)」で、洞窟の中から出られないでいた人間：まだ普通の人間としては認められていない人間）

＊最後に、「リ、オイ（終わり）」という決まり文句を言って終了した。

＊㉑ヒユム・プッから②シオン・チョン（岩聡、自分）までは、全部がモーパであり、④ヂャン・ソン（祖父）は頭人（集落長）でもあったという。

この系譜では、①アイ・シオン（息子）②シオン・チョン（岩聡、自分）③チョン・ヂャン（父）というように、息子の名前の後半を父（自分）の名前の前半に、その名前の後半を父の父の名前の前半に、という形式になっている。先にも述べたように、一般に中国

高床式住居の囲炉裏の前で家譜を唱える岩友氏（右端）。その隣は岩聡氏。2002年9月9日。工藤綾子撮影

少数民族の系譜は、漢民族の系譜意識の影響を受けて、父の名の後半を尻取り形式で息子が受け継ぐという父子連名であり、また源を起点にして現在に向かって進んでくるものである。すると、ワ族のこの系譜は、父子連名という点では同じだが、現在を起点にして源に遡って行くという点に大きな違いがあることになる。

この現在起点の系譜語りの形式は、これ以後行く先々の集落で聞かせてもらった全十個の系譜でも同じだったので、西盟地域のワ族で共通の形式だったとしていい。

A〔岩聡(アイツオン)氏の家譜〕を含む全十個（A〜J）のうちのもう一例を示そう。

九月九日に、馬散(マーサン)（小馬散）村（勐梭(モンスオ)からの地図上の直線距離で西北に約二十五キロメートル、標高一七〇〇メートル）を訪問し、モーパの岩友氏（アイヨウ）（七十九歳）に歌ってもらった家譜。

C〔岩友氏の家譜〕（約二分）

①アイ・ユウ（岩友、自分）②ユウ・タン（父）③タン・サン ④サン・リウ ⑤リウ・キィー ⑥キィー・リウ ⑦リウ・クイ ⑧クイ・クロー ⑨クロー・コㇰ ⑩コㇰ・ソー ⑪ソー・ムン ⑫ムン・ジャン ⑬ジャン・ジャム ⑭ジャム・クㇽー ⑮クㇽー・ソン ⑯ソン・ケヤッ ⑰ケヤッ・ジエン ⑱ジエン・エルン ⑲エルン・ジョン ⑳ジョン・ロン ㉑ロン・リー（司崗里から出た最初の人間、だという）

＊最後に、「リ、オイ（終わり）」という決まり文句を言って終了した。

＊最も偉大な存在は、「㉑ロン・リー」で、最初の人間にして最初のモーパだったという。これ以後現在の①アイ・ユウ（岩友、自分）に至るまで、すべてモーパである。

戸主は長男が継ぐことに決まっているので、家譜には一々「アイ」は付けないのが普通である。ただし、『佤族社会歴史調査（二）』（雲南省編輯委員会編、雲南人民出版社、一九八三年）の「佤族創世神話『司崗里』」（その全日本語訳は、工藤隆・真下厚・百田弥栄子編『古事記の起源を探る　創世神話』三弥井書店、二〇一三年、に掲載されている）で語られた系譜は、C〔岩友氏の家譜〕と同じく「現在から始まりに遡る系譜」の形式だ。その系譜部分のみを以下に引用する。

私の名は艾掃（アイ・シャオ）だ。私の父の名は艾洛依（アイ・ロイ）と言い、祖父の名は艾索外其（アイ・ショイク）と言う。それより上は、艾魯阿（アイ・ルア）、艾可恩（アイ・コン）、艾可栄（アイ・クロン）、艾可克（アイ・コク）、艾掃（アイ・シャオ）、艾没恩（アイ・ムン）、艾見（アイ・チェン）、艾呀姆【アイ・ジャム】だ。

この『司崗里』は一九五七年に採集されたものであり、しかもその創世神話の中に現れる系譜なのだから、この形式のほうがより古態だったのかもしれない。とすれば、もともとワ族の系譜語りは、現在を起点として男系男子の名を過去・源に向かって連ねていく形式のものだった可能性が出てくる。

この現在を起点にする系譜語りは、のちに触れる九月十二、十三日の取材資料でもわかるように、むしろ、同じワ族でも、現在でも母系制を残しているワ族に強い系譜感覚であるようだ。したがって、A〔岩聡氏の家譜〕、C〔岩友氏の家譜〕を含む全十個の家譜のすべてが現在を起点にする系譜だったのは、この地域のワ族が現在は父系制でありながら、もともとは母系制だった（と推測される）時代の感覚を残しているからではないか。したがって、西盟を中心とする地域のワ族の系譜は、父系制の諸民族の系譜語りのうちの「父子連名」は模倣したが、歴史感覚としては現在を起点にする母系の系譜感覚を色濃く残したということになる。

母系社会には系譜意識が無いのではないか

しかし、さらに調査を進めるうちに、のちの九月十二、十三日に訪問した、母系制を色濃く残している村での聞き書きにより、もともと母系制のワ族には系譜をたどる家譜というもの自体が無かったのかもしれないと思うようになった。

九月十二日、孟連（モンリエン）傣（タイ）族拉祜（ラフ）族佤（ワ）族自治県の県都孟連（標高九三〇メートル）に到着。ワ語→中国語の通訳は、岩鵬（アイポン）氏（ワ族、孟連県民族宗教事務局）に代わった。

臘塁（ラーレイ）（標高九七〇メートル）経由で海東小寨（ハイドンシャオザイ）（ワ族の村、孟連からの地図上の直線距離約十二キロメートル）に到着。海東小寨は、ワ語では「ロン・サイ」（渓流 小さなカニ）とも言う。

アイ・ムルン氏（男）は、七十七歳。ほかの村からの入り婿で、妻イエ・レンさんは三年前に死去した。

〔アイ・ムルン氏からの聞き書き〕

・この地域では、入り婿が普通。

・しかし、生まれた子供は父の姓を名乗る。息子五人と娘四人が生まれた（各一名死去）。長男（アイ・イン）、次男（アイ・イー）、三男（アイ・ミー）、四男（アイ・クワー）はこの村でほかの家に婿入りし、五男（アイ・サイ）は死んだ。

長女（イエ・ノン）、二女（イエ・トン）は結婚して別居した。三女（イエ・ホン）は婿を取ってこの家におり、四女は生まれてすぐ死んだので名前がない。三女（イエ・ホン）の婿は班貫村（バングアン）（海東小寨からの地図上の直線距離で南に約三キロメートル）から来た。

・息子は一人は家に残ってもいい。娘がまったくいない場合には、息子に嫁を取ってもいい。

77歳のアイ・ムルン氏（右）。2002年９月12日。工藤綾子撮影

・末の娘が家に残り、財産を継承する。上の姉妹は、結婚して別の所に独立する。
・嫁に行く人、婿に行く人には鍋を持たせる。

のちに触れる調査資料でもわかるように、同じワ族でも、孟連地域の海東地区では入り婿による母系制が普通なので、財産を含めて戸主権は女性が継承する。しかし、氏族名（姓）は入り婿の夫の姓を継承するということなので、どちらの地域のワ族も女性にはもともと姓がなかったということなのかもしれない。

Q／父子連名、あるいは母子連名はあるか。
A／ない。
Q／「司崗里」は知っているか。

A／洞窟から出て来たワ族は長男、タイ族は次男、漢族は三男で、そのほかの民族は木から生まれた、ということは知っている。しかし、自分たちの系譜をその洞窟まで遡ることはできない。

母系制のこの村では、家の系譜は記憶の範囲の中にしかなく、普通は自分の子供の世代を含めても四代分しか把握できないので、一般にこの海東地区の入り婿制をとるワ族には、これ以上に長い歴史が存在しないことになる。

Q／この海東小寨で最も偉大な人物は誰か。

A／昔は頭人（集落長）だったが、今は共産党の村幹部だ。

すなわち、この地域のワ族には長期的な歴史を語る伝承が欠如しているので、歴史上偉大な人物という存在も生じなかったのであろう。つまり、〝英雄伝承〟といった歴史物語も存在していないようである。

【この家の系譜】

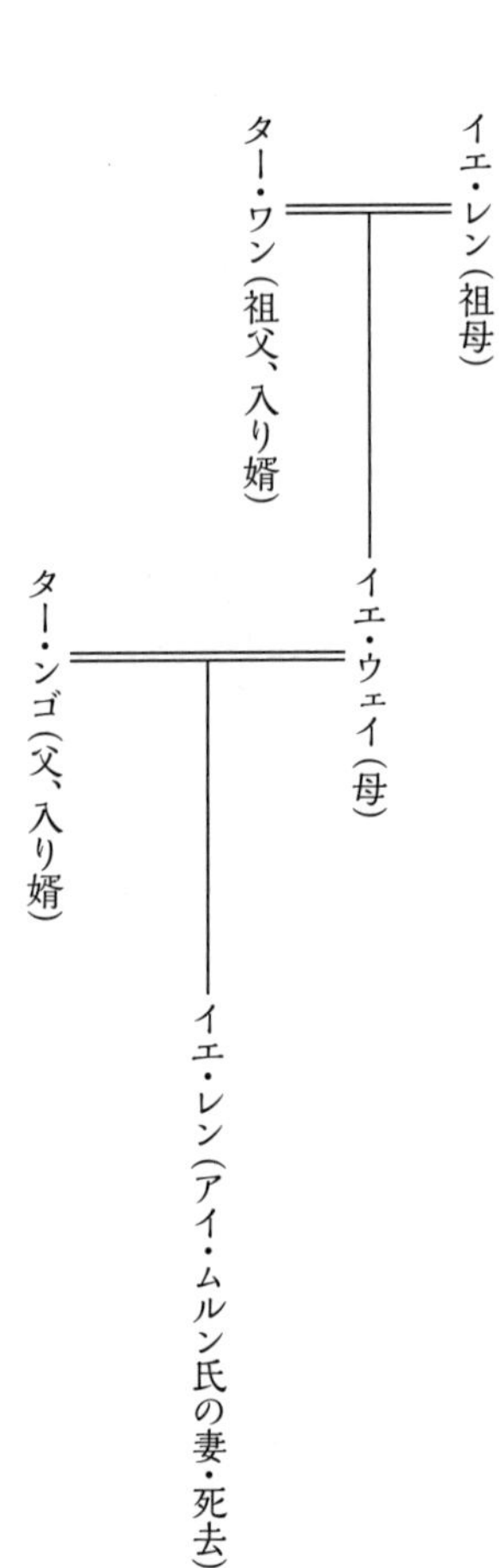

＊アイ・ムルン氏夫妻には、五人の息子（うち一人死去）と四人の娘（同）がいる。

＊系譜はこれ以上は遡れないし、入り婿（アイ・ムルン氏）側の系譜はほとんどわからない。

＊「ター」は老人という意味、「イエ」は女という意味。

〔アイ・ムルン氏からの聞き書き〕
・ここのワ族の特徴は、男もスカートをはいていることだ。
・私（アイ・ムルン氏）が若いころは、村の大事なことはすべて女性が決めた。杓子（しゃくし）を持つのも女性だから、自分の好きな人には肉をたくさんあげた。村の共有の土地で取れた米は、食料の少ない家に無料で与えた。雨乞いのような村の行事では、その共有地の穀物を食べる。上級の役所の幹部が来るときにも、その共有地の穀物をご馳走（ちそう）した。この公共の穀物は、老年の婦人が管理していた。
今でも家の中のことは女主人が決め、お金も女主人が持っている。しかしこの家の場合は、役所の幹部もいるので、男が主になって切り盛りしている。

このあと、同じ海東小寨で、別の家の女戸主を訪問した。

〔女戸主からの聞き書き〕
・この家の系譜については、大ワ族から出ていること以外は知らない。したがって、創世神話「司崗里（スガンリ）」のことも知らない。

【この家の系譜】

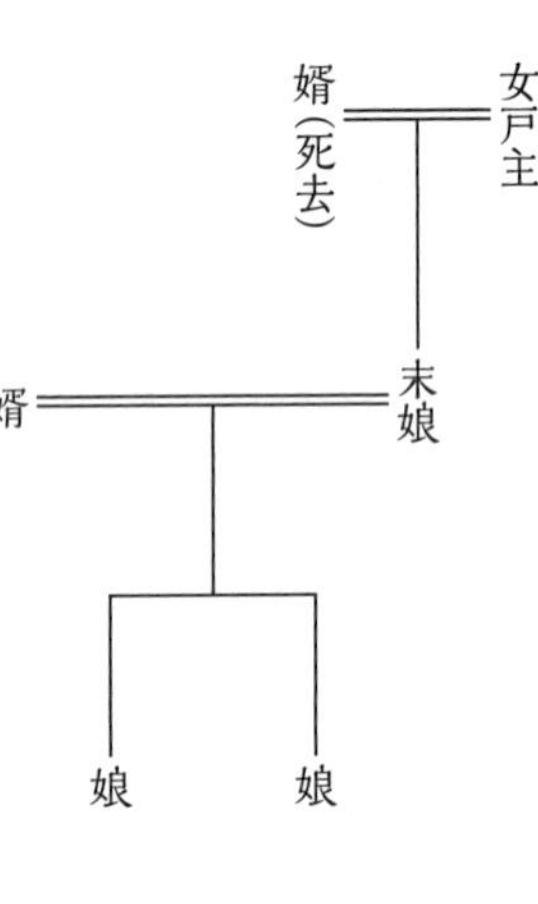

・歌垣はあったが、私は歌垣はしなかった。外で働いているときに、互いに好きになって婿を決めた。彼はよく働く人だったので結婚した。今の若い人は学校に行っているので、歌垣はしなくなった。

・夫は今は亡くなった。この村はすべて入り婿制だ。

＊姉娘は同じこの村の男性と結婚し、独立して暮らしている。ほかの村の男性と結婚する場合でも、その男性は入り婿としてこの村に来るので、独立した娘は母系家族の分家になる。

九月十三日、富岩（フーイエン）郷信崗（シンガン）村（孟連からの地図上の直線距離で西南西に約十九キロメートル）の近くの新集落に到着。

同行の岩鵬（アイポン）氏（ワ族、孟連県民俗宗教事務局）の父、岩西糯（アイシーヌオ）氏（「西（シー）」は四番目の意。息子の岩鵬氏も父が七十五～八十歳だという程度で正確な年齢はわからないようだが、岩西糯氏自身

高床式住居のテラスで聞き書きに答える女戸主。2002年９月12日。
工藤綾子撮影

は一〇〇歳だと言っていた）からの聞き書き。しかし、記憶が曖昧になっていたので、家譜、首狩りの話など、ほとんど得るものがなかった。ただ、「父子連名はなく、家譜は、自分の父、祖父、父の妻、祖母くらいまでしか遡れない」とのことだった。

このあと、海東大寨（ハイドンダーチャイ）（ワ族の村、孟連からの地図上の直線距離で南南東に約十二キロメートル、標高一三〇〇メートル）を訪問した。この村から四つの自然村が分かれてできたので、正確な戸数、人口の把握が難しい。中心地域は、三十戸、一六〇人くらいか。この村のイエ・ミー氏（年齢不詳の老婆）に家譜のことを尋ねた。

【イエ・ミー氏からの聞き書き】

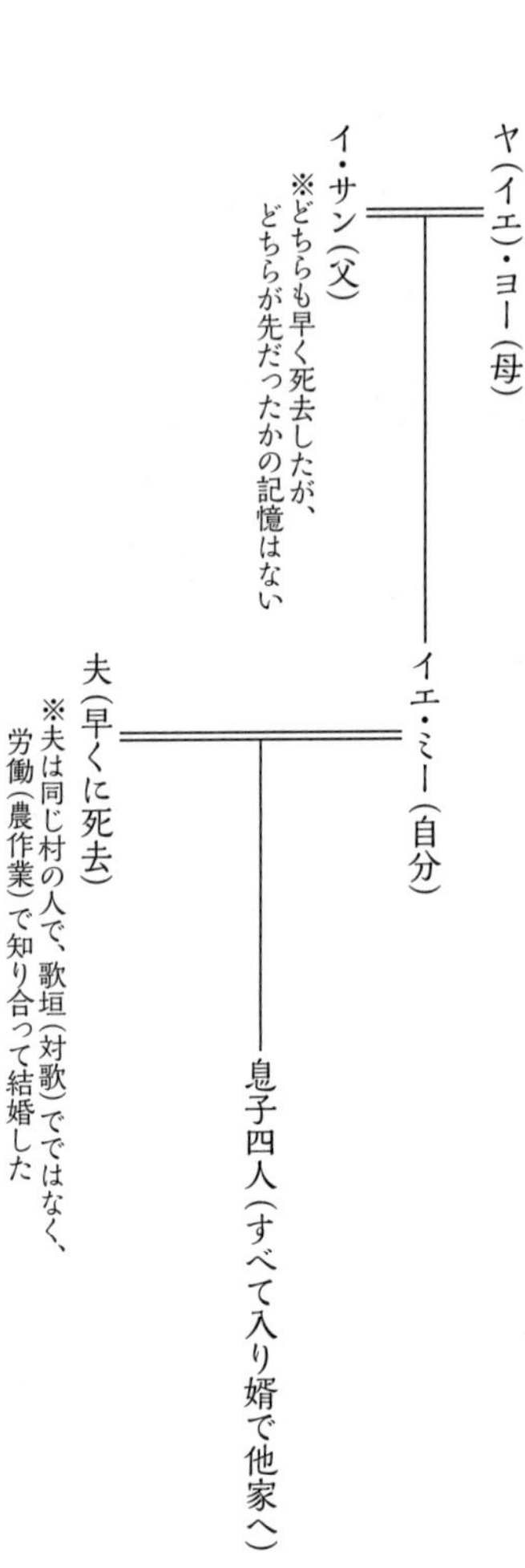

〔途中から会話に加わった男性（アイ・ウェン氏）の記憶〕（妻の側の系譜のことは何も知らないとのこと）

＊班貫（バングアン）村（ワ族の村、海東大寨からの地図上の直線距離で南に約三キロメートル）の出身で、この村の女性と入り婿として結婚していたが、その妻が死んだので三人の

子供を連れていったん班貫村に戻った。二十八歳（一九五八年）のときに再びこの村の入り婿になり、その再婚で四人の子供が生まれ、そのなかの一人がアイ・ウェン氏。家は一番下の娘（アイ・ウェン氏の妹）が継いでいる。ほかの子供三人は（アイ・ウェン氏を含めて）それぞれ他家の入り婿になっている。しかし、これ以上の系譜は知らないとのことだった。

ヤ(イエ)・ウイ(母)
＝タ・ガラ(父)
　├アイ・ウェン(自分、六十歳くらい)

以上の、雲南省ワ族文化の調査報告から得られた情報を整理すると、以下のようになる。

①ワ族はもともとは母系制だったと思われる。

②海東小寨のように、現在でも入り婿制でかつ母系制を維持している地域のワ族では、まず系譜意識そのものが存在していない。系譜は、せいぜい自分の子供の世代を含めても四代分しか把握できないので、この地域のワ族には、自分の家の、これ以上に長い歴史が存在しないことになる。
③しかし、西盟（シーモン）地域のワ族のように、父系制の漢民族（漢族）と何らかの形で接触した場合には、漢民族の父子連名のような系譜意識を持つように変化したようだ。
④一般に、漢民族の父子連名を採り入れた中国少数民族の系譜は、漢民族と同じく父の名の後半部を尻取り形式で男子が受け継ぐという形式であり、また源を起点にして現在に向かって進んでくるものである。ところが、西盟地域のワ族の系譜は、父子連名という形式では同じだが、現在を起点にして源に遡って行く点に大きな違いがある。この、現在を起点にする系譜語りは、西盟地域のワ族が、現在は父系制でありながら、歴史感覚としては現在を起点にする母系の系譜感覚を色濃く残していることにあるのではないか。

このようなワ族の事例を手がかり（モデル）にして、古代日本の系譜の問題をモデル理論的に把握してみよう。

ある程度の集団が定住生活をしている段階、縄文時代なら三内丸山遺跡（青森県）など、また弥生時代に入れば吉野ヶ里遺跡（佐賀県）などのような地域の集落においては、ある程度は系譜意識が生じたかもしれない。しかし、縄文時代の人物土偶のほとんどが女性であることが示すように、子を産む存在としての女性には特別の敬意が向けられていた可能性が高い。このような社会にあっては、〔アイ・ムルン氏からの聞き書き〕に「村の大事なことはすべて女性が決めた」「公共の穀物は、老年の婦人が管理していた」「今でも家の中のことは女主人が決め、お金も女主人が持っている」といった、女権的慣習もできていた可能性がある。この場合は、前章で示した史料のように、女性リーダー（女族長・女酋）も存在していて、宗教的存在であるだけでなく財政権・行政権も握っていたかもしれない。

このときに、女族長・女酋自身が、どの程度の系譜意識を持っていたのかはわからないが、ワ族の海東小寨のような母系制（女権的でもある）を残している集落の例をモデルにすれば、自らの系譜に対してそれほど強い執着は持っていなかったのではないかと推測される。

しかし、弥生時代も晩期になってくると、たとえば『魏志』倭人伝に記録された邪馬台国を盟主とする倭国の諸国（クニ）では、行政王・武力王・財政王は「男王」だったようである。『魏志』倭人伝に、「その国は、もと男子をもって王となし、住まること七、八十年」とあるので、卑弥呼登場以前の倭国では「男王」が普通だったようである。そのころの男王たちは族長位の継続的な継承という目的のために、徐々に父系の系譜意識を強めていたのかもしれない。

とすれば、もともと系譜意識を持たない、あるいは弱い系譜意識しか持っていない母系制だった社会で、父系の系譜意識を持つ男王・男族長が優勢になっていく段階では、母系（女系）と父系（男系）が交錯する双系だった可能性が高い。

このような母系・女系と父系・男系の双系の社会に、のちに（主として六〇〇年代か）中国国家の男系男子の系譜意識が本格的に流入して、その影響のもとに編集・整理された系譜が『古事記』『日本書紀』の天皇系譜として記述されたという推定が可能になる。

第八章　記紀の天皇系譜の形成

ムラ段階的系譜意識が国家段階にまで継承された

以上に見てきたように、記紀の天皇系譜の〝万世一系〟の要素は、少数民族文化に特有の系譜と同系統のものである。先に引用したハニ族の「ゼフ（李文亮）の父子連名」は、三代までは確実に天の神であって、その天の神に発する〝万世一系〟の系譜の最後の部分に現在の自分がいる、と語る。また、ナシ族の「木氏歴代宗譜」も、「人類始発の創世神」に発してそれに続く系譜を語るものであった（遠藤耕太郎前出論文）。

日本古代国家は、そのような天の神に発する〝万世一系〟の系譜を国家段階であるにもかかわらず継承し、天皇国家の〝王〟の系譜として、『古事記』『日本書紀』に文字で定着させた。中国王朝では、王朝交替のたびに系譜は切断されている。日本古代国家は、当時の中国国家から見れば中国少数民族（「蛮夷」）の一つだったヤマト族が、少数民族のムラ段階的な〝神々から連続した万世一系の家譜〟をそのまま国家段階にまで上昇させてしまったのである。

私は、すでにいくつかの著書で、「少数民族」の定義として、次のような六つの条件を示してきた。

少数民族とは、中央集権的国家が形成されている状態において、国家権力を掌握している民族の側から見て、①相対的に人口が少なく、②国家権力の中心的な担い手ではなく、③国家の側にくらべて経済や先進文化の摂取という点で遅れている傾向があるが、④国家の側の文化に対して文化的独自性を強く保持していて、⑤もともとはその地域の先住民族であったが、のちに移住して来た他民族が多数あるいは優勢民族となり、結果として劣勢民族に転化したという歴史を持っているものが多く、⑥独自の国家を形成しないか、形成しても弱小国家である。

このうちの「⑥独自の国家を形成しないか、形成しても弱小国家である」という条件を日本古代国家の場合に当てはめれば、〈古代の古代〉の日本列島民族（古代ヤマト族）は、古代中国国家から見れば蛮夷であり、少数民族の位置にあったので、本来なら〈国家〉を形成することはできなかったはずだし、形成できたとしても中国国家によってすぐに滅ぼされる弱小国家のはずであった。ところが、大陸とのあいだに海の防御壁があったおかげで中国国家からの直接的な武力侵略を受けずに済んだので、日本列島の内側でじっくりと時間をかけて、国家形成には不向きなアニミズム系文化を濃厚に残存させたまま〈国家〉建設を推進することができた。その結果、六〇〇年代末の天武・持統天皇期に、少数民族的つまり後進的な〝神々から連続した万世一系の家譜〟を天皇の系譜として前面に出すという形で、いわば〝少数民族国家〟として古代天皇制国家を樹立できたのである。

すなわち、紀元前千数百年以来の歴史を持つ中国国家に比べれば、記紀の天皇系譜は、国家段階の王の系譜としては、ヤマト国家がいかに〝後発的〟存在であったかを示していることになる。記紀の天皇系譜は、ムラ段階社会的な〝神々から連続した万世一系の家譜〟が国家段階にまで継承されて、文字で固定化されたものである。したがって、記紀の天皇系譜は、ムラ段階の後進性が〈国家〉段階にまで生き延びた事例だというべきであろう。

無文字時代の系譜は流動的

縄文・弥生・古墳時代の日本列島民族は、まだ無文字文化が基本だった。『魏志』倭人伝によれば、弥生時代晩期の日本列島には、邪馬台国を盟主とする倭国連合が存在していて、卑弥呼が登場する以前の倭国では男王が普通だったようだ。しかし、魏使が卑弥呼を「女王」と記述したように、卑弥呼の時代には、宗教性（卑弥呼に代表される女性が主導）

と行政性（「男弟」という男性が主導）がセットになった二重構造王権システムができあがっていたことから推測するに、女性の存在を軽視できない社会だったようだ。したがって、先にも述べたように、この時期の系譜意識では、男系（父系）だけでなく、女系（母系）も併用された双系であった可能性が高い。

邪馬台国は、魏国とのあいだに文書を交わしたり、魏国を訪問したりしているので、漢字文化および漢語に通じた通訳のような人物が、外交関係の場では漢字で文書を作る役目を果たしたが、漢字を用いてヤマトの歴史を記録したり、文字で権力層の家系図を作るといった志向までは持たなかったようだ。この時期の族長・酋長などの家系は、「語り部」的な専門的伝承記憶者が音声ヤマト語で暗誦していたのではないだろうか。

先にも引用したように、ニュージーランドの原住民マオリ人（族）の系譜の扱い方は、「父から子、子から孫へと口ずからに伝える」（池田源太「ポリネシアにおける口誦伝承の習俗と社会組織」）ものだったようである。

また、ウォルター・J・オング『声の文化と文字の文化』（桜井直文・林正寛・糟谷啓介訳、藤原書店、一九九一年）は次のように述べている。

西アフリカの〔語り部である〕グリオgriotや、その他のオーラルな系譜伝承者は、自分の聞き手が耳をかたむけてくれるような系譜を朗誦するだろう。かれが、かりにもはや要求されない系譜を知っていたとしても、そういう系譜は、かれのレパートリーからぬけおち、結局は消えてしまう。政治的な勝者の系譜が、敗者のそれより生きのこりやすいのは当然である。

七〇〇年代初頭に文字で記述された記紀系譜もまた、長い期間に「オーラルな【口づたえの】系譜伝承」から多くのものが「ぬけおち」た末に、「政治的な勝者」である天皇氏族の系譜を柱として記述され、文字（漢字）で固定化されて権威化されたものと考えるのが自然であろう。このときには、天皇氏族に有利になるような創作・改変・捏造が生じたであろうことは間違いあるまい。

この、おそらくは創作・改変・捏造が加えられた『古事記』『日本書紀』の天皇系譜に明確な女系の記述が無いからといって、現代の女系天皇絶対反対論者が〝天皇系譜はすべて男系継承だ〟と結論するのは行き過ぎである。第二章でも述べたように、〝七〇〇年代初頭の『古事記』『日本書紀』の記述をそのまま信じるという立場に立つかぎりでは、過去ずっと男系で継承されてきているように見える〟とするのが正確であろう。

文字系譜の登場は七世紀前後か

ヤマト人の知識層が漢字を用いてヤマトの伝承や系譜を積極的に記録化し始めるのは、六〇〇年前後のころだったと思われる。以下の『日本書紀』の記事を信じるかぎりでは、六〇〇年代初頭には、大和朝廷の中央部で系譜など文献史料の編纂事業が始まっていた。

是歳、皇太子【聖徳太子】・嶋大臣【蘇我馬子】、共に議りて、天皇記及び国記、臣連伴造国造百八十部并て公民等の本記を録す。（推古天皇二十八年〔六二〇〕）

これら「天皇記」「国記」「臣連〜本記」の具体的な内容は不明だが、「録す」とある以上は漢字で書かれていたものであろう。これらは、以下の「皇極天皇紀」四年（六四五）六月の記事によれば、乙巳の変（大化の改新）の際に焼失したようだが、それらのうちの「国記」だけは焼失を免れたとあるので、その「国記」はのちに『古事記』や『日本書紀』の原資料の一つになった可能性がある。

蘇我臣蝦夷等、誅されんとして、悉に天皇記・国記・珍宝を焼く。船史恵尺、即ち疾く、焼かるる国記を取りて、中大兄に奉献る。

（蘇我臣蝦夷らが殺されそうになったときに、すべての天皇記・国記・珍宝を焼いた。船史恵尺が、素速く、焼かれている国記を取り出して、中大兄皇子【のちの天智天皇】に献った。）

また「天武天皇紀」十年〔六八一〕三月条には、

天皇、大極殿に御して、川嶋皇子・忍壁皇子・広瀬王・竹田王・桑田王・三野王・大錦下上毛野君三千・小錦中忌部連首・小錦下阿曇連稲敷・難波連大形・大山上中臣連大嶋・大山下平群臣子首に詔して、帝紀及び上古の諸事を記し定めしめたまう。大嶋・子首、親ら筆を執りて以て録す。

（天皇【天武天皇】が、大極殿におでましになり、川嶋皇子・忍壁皇子・広瀬王・竹田王・桑田王・三野王・大錦下上毛野君三千・小錦中忌部連首・小錦下阿曇連稲敷・難波連大形・大山上中臣連大嶋・大山下平群臣子首に命令して、帝紀及び上古の諸事を記録・校定させなさった。大嶋と子首が、みずから筆を執って記録した。）

とあるので、すでにこのときには、天皇氏族や各氏族が、「帝紀（すめらみことのふみ）」（天皇氏族の系譜）や「上古（いにしえ）の諸事（もろもろのこと）」（神話・物語など古くからの諸伝承）を漢字で記録した書き物が存在していて、天武天皇が、それらを踏まえて権威ある決定本を作ろうとしたことがわかる。

このような前提のもとに、『古事記』（七一二年）の「序」を読むと、次のような注目すべき一節のあることがわかる。

是（ここ）に天皇【天武天皇】詔（みことの）りたまいしく、「朕聞く、諸家の賷（もた）る帝紀及び本辞、既に正実に違い、多く虚偽を加うと。今の時に当りて、其の失（あやまり）を改めずば、未（いま）だ幾年をも経ずして其の旨（むね）滅びなむとす。斯（こ）れ【帝紀と本辞】乃（すなわ）ち、邦家（ほうか）の経緯、王化（おうか）の鴻基（こうき）なり。故惟（かれこ）れ、帝紀を撰録し、旧辞を討覈（とうかく）して、偽（いつわ）りを削り実（まこと）を定めて、後葉（のちのよ）に流（つた）えむと欲（おも）う。」とのりたまいき。

【天皇系譜】

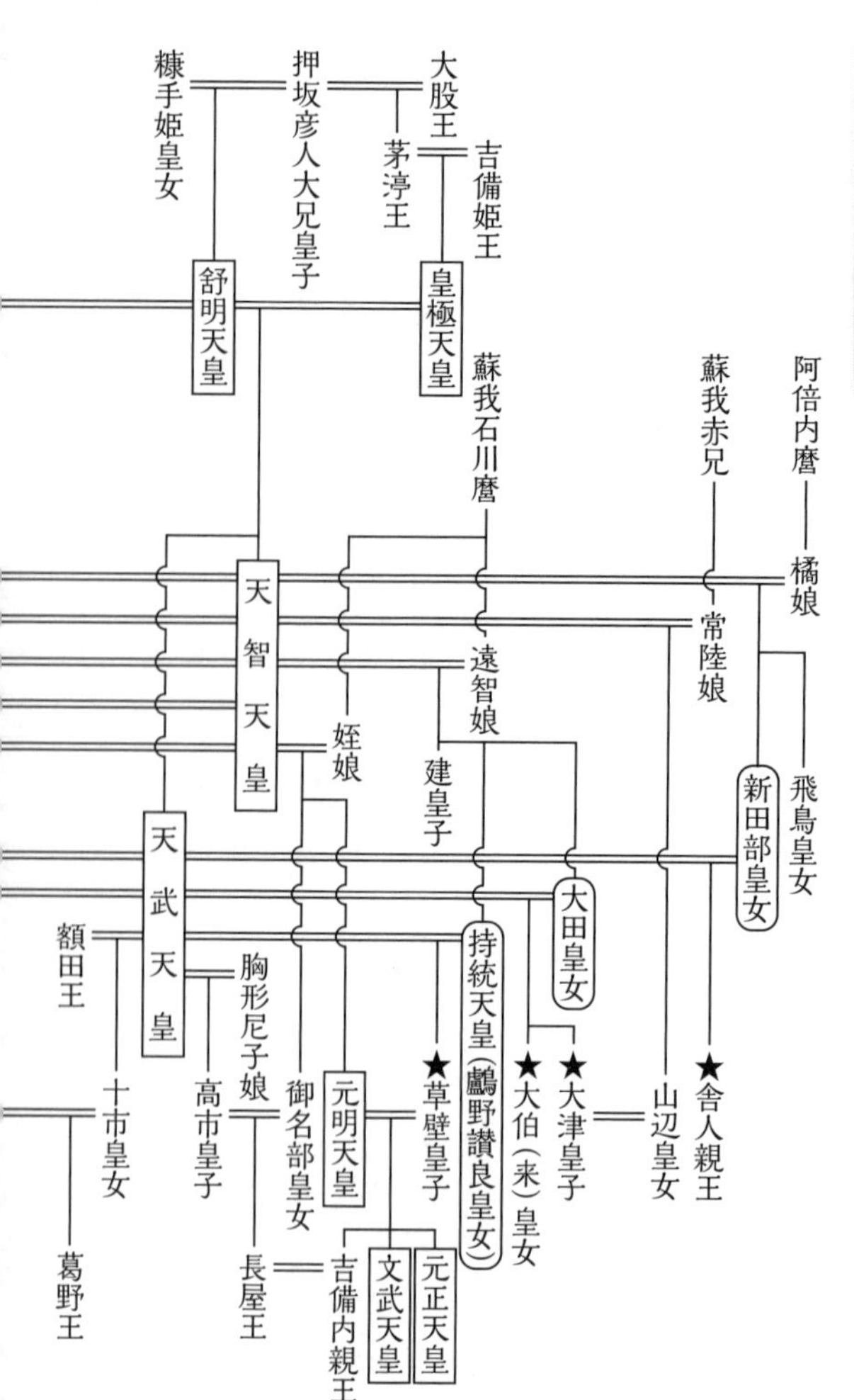

阿倍内麿
橘娘
蘇我赤兄
常陸娘
飛鳥皇女
新田部皇女
★舎人親王
山辺皇女
吉備姫王
大股王
茅渟王
押坂彦人大兄皇子
糠手姫皇女
皇極天皇
舒明天皇
蘇我石川麿
遠智娘
建皇子
大田皇女
★大津皇子
★大伯（来）皇女
持統天皇（鸕野讃良皇女）
★草壁皇子
元正天皇
文武天皇
吉備内親王
元明天皇
姪娘
天智天皇
御名部皇女
長屋王
胸形尼子娘
高市皇子
天武天皇
額田王
十市皇女
葛野王

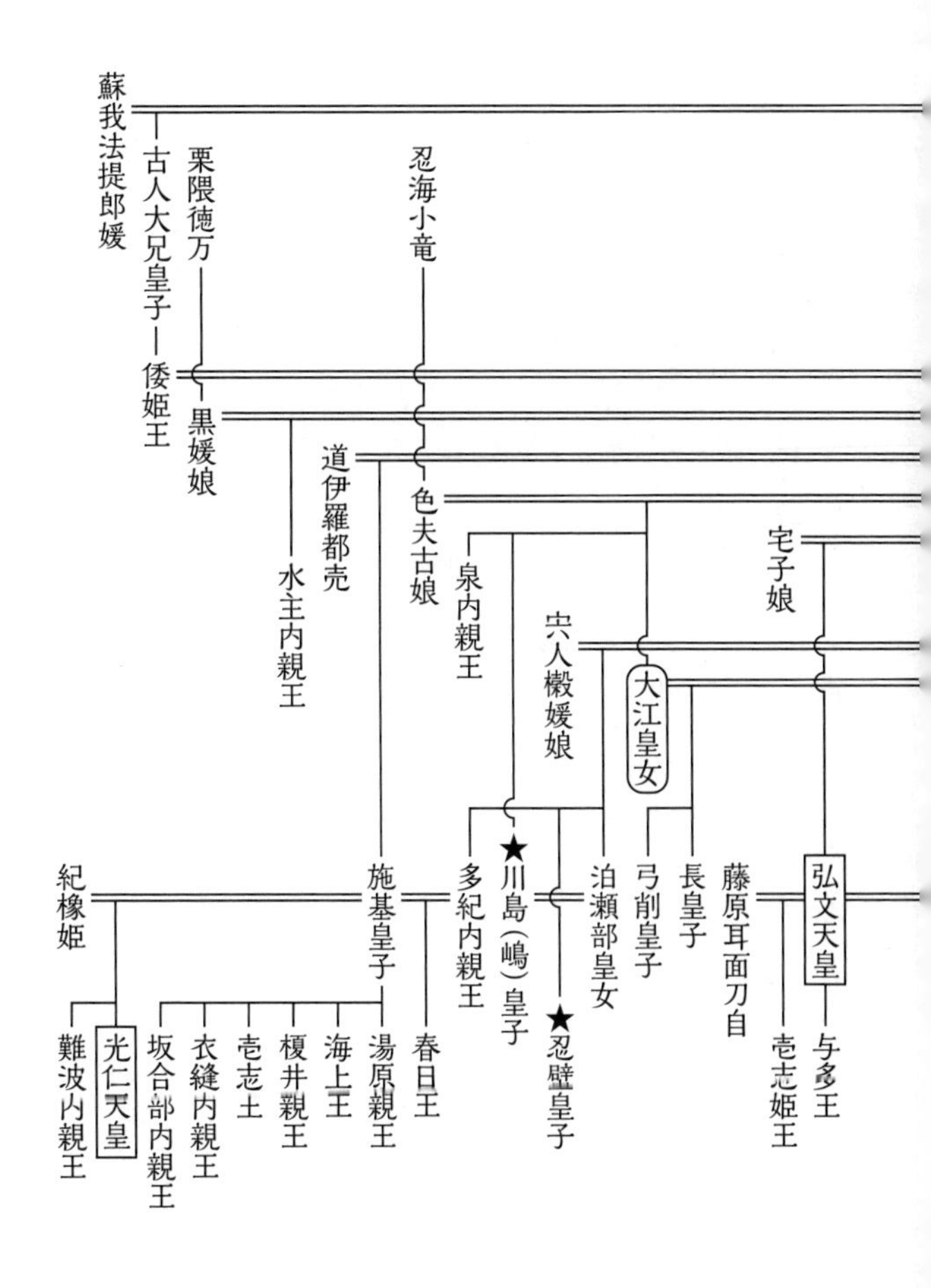

蘇我法提郎媛
古人大兄皇子
栗隈徳万
忍海小竜
倭姫王
黒媛娘
道伊羅都売
色夫古娘
水主内親王
泉内親王
宅子娘
宍人櫢媛娘
大江皇女
紀橡姫
施基皇子
多紀内親王
★川島（嶋）皇子
★忍壁皇子
泊瀬部皇女
弓削皇子
長皇子
藤原耳面刀自
弘文天皇
難波内親王
光仁天皇
坂合部内親王
衣縫内親王
壱志土
榎井親王
海上王
湯原親王
春日王
壱志姫王
与多王

（そこで天皇が、「朕が聞いたところでは、諸氏族の持っている「帝紀」と「本辞」は、すでに真実のものとは違っていて、多くの「虚偽」が加わっている。今その誤りを改めなければ、幾年もしないうちに真実がわからなくなってしまうであろう。この帝紀と本辞は国家の根本、天皇政治の基礎なのである。そこで、「帝紀」を書物にまとめ、「旧辞」をよく調べて、偽りを削り真実を定めて、後世に伝えたいと思う」と仰せられました。）

つまり、六〇〇年代末には、諸氏族の持っている「帝紀」と「本辞（旧辞）」には多くの「虚偽」が加わっているという認識が一般的だったのだ。ましてや、当時の最高権力者である天皇の場合には、その系譜にはさらに多くの「虚偽」が加えられた可能性がある。先の「天武天皇紀」十年の記事でわかるように、のちの『日本書紀』（七二〇年）に向けての編集委員が、川嶋皇子以下、皇族あるいは皇族と縁の深い氏族の人たちで占められていたのだから、『日本書紀』の内容が、天皇氏族に有利なものに傾斜するのは当然だっただろう。川嶋皇子は、三十八代天智天皇の皇子（おうじ）、忍壁皇子（刑部親王など別表記あり）は四十代天武天皇の皇子である。したがって、天皇系譜の整備が天皇氏族に有利なものに傾斜するのは当然だったはずであり、男系男子継承の唐の皇帝制度を模倣するという政治方針がとられた以上、少なくとも「男系」の部分だけは貫徹しようとして、大小の創作・改変・捏造が加えられたであろうことも間違いあるまい。

この『古事記』序の「帝紀」について、日本思想大系『古事記』（岩波書店、一九八二年）の補注は、「天皇の葬儀」での「誄」で列挙された「皇祖以来の歴代天皇の名」や「故天皇の后妃子女の名」は、「皇室内部や豪族相互間の利害にもとづくゆがみ」を受けながら集積され、それらが「六世紀」くらいに「文字化され」、「記録」となったと述べている。したがって、それらの「ゆがみ」を含んだ「記録」をもとにしてさらに整理が進み、七〇〇年代初頭に『古事記』『日本書紀』の記載によって天皇氏族の男系の系譜が確定し、以後それが固定化されたと考えるのが、実態に近い推定だろう。

なお、『古事記』の編纂者である太安万侶は、七一二年当時の元明天皇から見て、官僚知識人として信頼に足る人物であったと思われ、資料集積所の資料もすべて閲覧できた人物であったはずだと推定できる。というのも、『日本書紀』についての官僚たちの勉強会の記録である『日本書紀私記』の「弘仁私記」（八〇〇年代前半の成立、「国史大系」吉川弘文館、第8巻『日本書紀私記・釈日本紀・日本逸史』、一九六五年）は、その「序」に、以下に引用するように、『日本書紀』の編纂者として、筆頭に舎人親王、二番目に人安万侶の名を挙げているからである。

夫日本書紀者（略）一品舎人親王浄御原天皇第五皇子也従四位下勲五等太朝臣安麻侶等王子神八井耳命之後也奉勅所撰也

（『日本書紀』は〔略〕一品(いっぽん)舎人親王浄御原天皇〔天武天皇〕の第五皇子なりと従四位下勲五等太朝臣(おおのあそみ)安麻侶等王子神八井耳命(かむやいみみのみことの)之後(すえ)なりが、勅を奉じて撰(えら)びしところなり）

これは、『古事記』成立の七一二年から約百年後の記録であるが、天皇国家の官僚にとって一種の〝官僚マニュアル〟になっていた『日本書紀』の勉強会の記録であるという点から見て、信憑(しんぴょう)性が高いと私は考えている。

舎人親王は四十代天武天皇の皇子であり、太安万(麻)侶の始祖である神八井耳命(かむやいみみのみこと)は初代神武天皇の皇子である（『古事記』）というように、その出自から見て二人共に天皇氏族に有利な系譜作りに傾斜したであろうことは容易に推定できる。そして、太安万侶が『古事記』と『日本書紀』の編集のどちらでも重い役割を担っていた以上、両者の天皇系譜が大筋において一致しているのも、当然のことだったろう。

第九章　残された女系継承の痕跡

記紀の初期天皇系譜は信用性が低い

第二章で引用したように、「一つの血統による王位世襲は、五世紀末ごろまでは確立していなかった」（義江明子「女帝と女性天皇――八代六人の実像」）のであり、「父から息子へという継承順序も鵜呑(うの)みにできない」ということである（同）。

さらに、一九九〇年代には、考古学の側から「人骨の歯冠計測値（歯の幅や厚みなど）」や「頭蓋の小変異（遺伝性が高い）」という自然科学的データにもとづく新たな視点も提示され始めた。それらの結論を簡潔にまとめれば、古墳時代（四～六世紀）前期の古墳（未発掘の天皇陵のものを除く）の被葬者たちには、男系（父系）と女系（母系）のどちらもが存在していた、つまり「双系」だったのであり、古墳時代後期の五世紀後半くらいになると男系の優位性が見えるようになるが、それでも女系（母系）も残っていたという結論になるようだ。

この視点を示した著書としては、まず田中良之(たなかよしゆき)『古墳時代親族構造の研究――人骨が語る古代社会』（柏書房、一九九五年）があり、次に同『骨が語る古代の家族――親族と社会』（吉川弘文館、二〇〇八年）がある。また、清家章『古墳時代の埋葬原理と親族構造』

（大阪大学出版会、二〇一〇年）も刊行された。これらの成果をふまえたうえで、都出比呂志『古代国家はいつ成立したか』（岩波新書、二〇一一年）も次のように述べている。

> 古墳時代が双系制であるとする説は、古代律令制国家が双系制とする通説とうまくつながります。古墳時代開始期に男系世襲制が成立していたとする小林行雄氏の説から、古墳時代は父系制の社会と考えられてきましたが、田中氏と清家氏の説を参考にすれば、古墳時代は今まで考えられていたよりも女性が社会的に活躍した社会であったことがわかります。

つまり、天皇氏族の場合は、五世紀の倭の五王時代（五王の最後の「武」にあたるのが四〇〇年代後半ごろの二十一代雄略天皇）を経て、六世紀に入ってから大王の中の最有力氏族になってきて、そのころの天皇氏族が持っていた系譜を基本にして、男系の天皇系譜としてのちに『古事記』『日本書紀』に記載されたのだろう。ということは、六世紀ごろに固まり始めた男系の天皇系譜が、のちに初代神武天皇からの二十数代の初期天皇にも遡って逆適用されて、「虚偽」（『古事記』序）を含んだ初期天皇系譜ができあがったと考えたほうがよい。

しかし、口承時代の系譜に比べて、文字（漢字）で書かれた系譜ははるかに強い安定感や権威感があるうえに、それが『古事記』『日本書紀』という、国家が直接に（『日本書紀』）あるいは間接に（『古事記』）かかわる形で編纂（へんさん）された権威ある書物だったので、ますます絶対的な権威感を漂わせたことだろう。そのうえに、神武から二十数代までの大王・族長にも「天皇」という称号が与えられたことが加わり、あたかも天皇氏族がその起源から一貫して男系だったとする幻想（万世一系幻想）が生じやすくなったのだと思われる。

継体天皇（二十六代）は民間人だったか

また、古代研究の学界では、『古事記』『日本書紀』記載の男系の皇統には断絶もあったという学説が有力である。唐の皇帝制度の男系男子継承のうちの少なくとも「男系」の部分だけは貫徹しようとしたであろう記紀の天皇系譜の中に、男系に整えきれずに、女系（母系）の痕跡を残してしまった例がある。それは継体（けいたい）天皇（二十六代）の存在である。

『古事記』武烈（ぶれつ）天皇（二十五代）段には次のようにある。

天皇【武烈天皇】既に崩りまして、日継知らすべき王無かりき。故、品太天皇【十五代応神天皇】の五世の孫、袁本杼命【継体天皇】を近淡海国【現滋賀県】より上り坐さしめて、手白髪命【二十四代仁賢天皇の皇女】に合せて【結婚させて】、天の下を授け奉りき。

ここで注目すべきは二点ある。第一は、「日継知らすべき王無かりき」（天皇位を継ぐべき皇子がいなかった）という点である。素直に読めば、天皇氏族の族長位の通常の継承は、この時点でいったん途切れたことになる。そこで、苦肉の策として、応神天皇（十五代）から五代あとの血筋の者を近江国から呼び寄せて天皇位に就けたというのだが、ここで問題になるのは、この「五世の孫」というのが信頼に足るものかどうかという点である。

第二は、「手白髪命に合せて」（手白髪命と結婚させて）という表現から来る違和感である。というのは、天皇の結婚記事では、「○○天皇が△△を娶る」というように天皇が主語になるのが普通なのに、ここでは、臣下たちが取り計らって手白髪命と結婚させたように読めるのである。とすると、のちにも触れるように、応神天皇から五代あとの血筋では袁本杼命【継体天皇】が、元々皇族と称するにはあまりに血が薄いので、先々代の二十四代仁賢天皇の皇女を妻として配して血の薄さを補ったのではないか。
『日本書紀』継体天皇段では次のようになっている。

男大迹天皇【二十六代継体天皇】更の名は彦太尊。は、誉田天皇【十五代応神天皇】の五世の孫、彦主人王の子なり。（略）小泊瀬天皇【二十五代武烈天皇】崩りましぬ。元より男女無くして、継嗣絶ゆべし。壬子に、大伴金村大連議りて曰わく、「方に今絶えて継嗣無し。天下、何の所にか心を繋けむ。古より今に迄るまでに、禍斯に由りて起る。今足仲彦天皇【十四代仲哀天皇】の五世の孫倭彦王、丹波国の桑田郡に在す。請う、試に兵仗を設けて、乗輿を夾み衛りて、就きて迎え奉りて、立てて人主としまつらむ」という。

（ヲホド天皇【継体天皇】〔またの名はヒコフトのみこと〕は、ホンダ天皇【応神天皇】の五世の子孫のヒコウシの王の子である。〔略〕ヲハツセ天皇【武烈天皇】が崩御した。武烈天皇にはもともと皇子・皇女が無かったので、天皇位の跡継ぎが絶えそうになった。壬子の日〔十二月二十一日〕に、大伴金村大連は、「まさに今、跡継ぎがいなくなった。天下の人々は、どこに心を寄せればよいのだろう。昔から今まで、災いはこの跡継ぎのことから起きている。今やタラシナカツヒコ天皇【仲哀天皇】の五世の子孫のヤマトヒコの王が丹波国の桑田郡〔現京都府亀岡市〕におられる。試みに兵を動員して輿の周囲を固めて、お迎えして首長として立てよう」と提案した。）

このあとに続く部分は、以下のようになっている。ヤマトヒコの王が、迎えの兵たちを遠くに見て、驚いて山中に逃げて行方をくらましてしまった。そこで、大伴金村は、応神天皇の五世の子孫のヒコウシの王の子であるヲホド天皇〔継体天皇、近江の国の三国〔現滋賀県高島町〕にいた〕に使者を送ると、ヲホド天皇は天皇位に就くことに慎重だったが、大伴金村らが熱心な誘いを重ねた結果、ようやく天皇位継承を引き受けて、河内国の樟葉宮〔現大阪府枚方市〕で即位した。その後、大伴金村が〝国王の治世には、確かな皇太子がいなければ天下をよく治めることができず、睦まじい妃がなければ良い継承者を得ることができません〟と述べたうえで、「手白香皇女【二十四代仁賢天皇の皇女】を立てて、納して皇后とし、神祇伯等を遣して、神祇を敬祭きて、天皇の息を求して【天皇の子息の誕生を祈念して】、允に民の望に答えむ」と言上すると、継体天皇は「可」と言った、となっている。

この『日本書紀』継体天皇段の記事でも、『古事記』同段で注目した二点と共通の問題点がある。その一は、すなわち「元より男女無くして、継嗣絶ゆべし」（皇子・皇女が無かったので、天皇位の跡継ぎが絶えそうになった）、「方に今絶えて継嗣無し」（まさに今、跡継ぎがいなくなった）というように、やはり、「方に今」天皇氏族の族長位の通常の継承は途切れたと記述している。

また、その二の共通点は、仁賢天皇（二十四代）の皇女の手白香皇女（『古事記』では手白髪命）を皇后として立てていることである。しかも、その理由を〝天皇の子息の誕生〟のためとしているのは、継体天皇を、仁賢天皇の娘との結婚によって天皇氏族の血筋の中に〝婿〟として組み込む必要があったからであろう。逆にいえば、継体天皇を応神天皇の「五世の孫」（『古事記』）としたり、応神天皇の五世の子孫のヒコウシの王の子（『日本書紀』、すなわち継体は六世の子孫になる）としたりしても、血筋の薄さは明らかであるから、あえて仁賢天皇の皇女を皇后とすることで、その血筋の薄さを補強しようとしたのであろう。

その結果、古代史研究の学界では、『日本書紀』の、「誉田天皇【応神天皇】の五世の孫、彦主人王の子」だという「伝承」も含めて「潤色の可能性が疑われている」という（笠原英彦『歴代天皇総覧』中公新書、二〇〇一年）。また、武烈天皇（二十五代）の死後、「朝廷の混乱に乗じるかたちで越前、近江地方の勢力が進入し、（略）在地勢力を制圧して皇位を簒奪したとの見方が表明されている」という（同）。

この継体天皇の系譜については、河内祥輔『古代政治史における天皇制の論理〈増訂版〉』（吉川弘文館、二〇一四年）も次のように述べている。

> 継体は『日本書紀』に応神の五世孫【「五世孫彦主人王の子」とあるので、男大迹天皇（継体天皇）は応神の〝六世〟か】と記され、既に皇位継承の資格は失われていたとみられるが、武烈の死去によって仁徳系の男子が絶えてしまったため、応神の子孫として天皇に擁立されたと伝えられる。「五世孫」とはいかにも怪しげであり、新しい王朝の創始であるとみなされて少しもおかしくはないはずであろう。しかるに、古代人にはそのような受け止め方はほとんど見られない。王朝としては依然として一つのものが連続している、という観念が支配的である。何故に過去との断絶をさほど意識せずに済ませることができたのであろうか。

その理由は女系の血統にあると考えられる。

（略）女系に視点を据えるならば、雄略の血統は確かに後世に連続しており、少しの切れ目もない。

継体天皇の出自については、学界でさまざまな疑義が提示されている。それを簡潔にまとめている日本古典文学大系『日本書紀』の補注を紹介しよう。

一般に記紀は天皇の世系についてはその歴代の名を克明に挙げる例であるのに、継体天皇に関してのみ単に五世とだけ書いて、中間の歴代の名を省略しているのは異例である。一方、武烈天皇の次に、応神天皇五世の子孫が遠く越前国から迎えられて皇位につくというのはいかにも不自然に思われる。そこで、後世の令【大宝律令、七〇一年】では天皇の五世までを皇親と認めることを規定しているから、記紀の応神天皇五世の孫という記事は、この令の規定を念頭に置いて、継体天皇を皇親に仕立てるために作られたものであり、さらに上宮記【「上宮記逸文」】、記紀以前の古い史料との説もある】の系図は記紀の五世の孫を説明するために、あとで作ったとも考えられる。

「上宮記逸文」（黒板勝美・国史大系編修会編『日本書紀私記・釈日本紀・日本逸史』〈新訂増補国史大系・新装版、第八巻〉吉川弘文館、一九九九年）は、『釈日本紀』（『日本書紀』の注釈書、一二〇〇年代末）に「上宮記曰。一云」として引用され、そこでは応神天皇の「五世孫」にあたる各人物名を列挙している。

以下簡略化してその系譜を示すと、「凡牟都和希王【応神天皇】─若野毛二俣王─大郎子（別の名は意富々等王）─乎非王─汙斯王【彦主人王】─乎富等大公王【継体天皇】」となっている。このうちの「凡牟都和希王」が応神天皇にあたり、「汙斯王」が『日本書紀』の彦主人王にあたると思われるが、「若野毛二俣王」「大郎子」「乎非王」の名は『古事記』『日本書紀』に見えない。つまり、もしそれらの人物名が正当なものなら、記紀編纂者は、その系譜をそのまま書けばよいのにそうしなかったということになる。すなわち、記紀編纂時には「上宮記」の「五世孫」の記述は存在していなかった、つまり「あとで作った」（日本古典文学大系『日本書紀』の補注）という結論になるのであろう。

では、「上宮記」の「五世孫」の記述が存在していなかったとした場合、記紀の編纂者たちは、どのような論理で継体天皇の即位を正当化したのだろうか。

第一章で見たように、大宝律令（七〇一年）の継嗣令には、「親王より五世は、王の名得たりと雖も、皇親の限に在らず」（親王より五世あとの者は、王を名乗ることはできるが、皇親〔こうしん、皇位継承有資格者〕とはしない）とあった。ということは、男大迹天皇（継体天皇）は応神天皇の「五世の孫、彦主人王の子」すなわち〝六世孫〟になるので、「皇親」からはますます遠くなる。

このように継体天皇について見るかぎり、雄略天皇の娘春日大娘皇女が仁賢天皇（二十四代）の皇后となり、ここに生まれた手白香皇女を継体天皇（二十六代）の皇后にするなどして、雄略天皇から継体を経て欽明・敏達天皇に至る系譜は「女系の血統」によって維持されたことになる。

大塚ひかり『女系図でみる驚きの日本史』（新潮新書、二〇一七年）も、継体天皇について河内祥輔と同方向の分析をしたうえで、次のように述べている。

記紀は当時の天皇家に都合良く書かれた歴史書に過ぎず、そこに記された過去の天皇（大王）は、必ずしものちの天皇のように揺るぎない王権を持っていたわけではないのだ。

ともすると揺らぎがちな王権を少しでも強化するための手段の一つが旧王朝・旧勢

【雄略天皇から舒明天皇までの系譜】

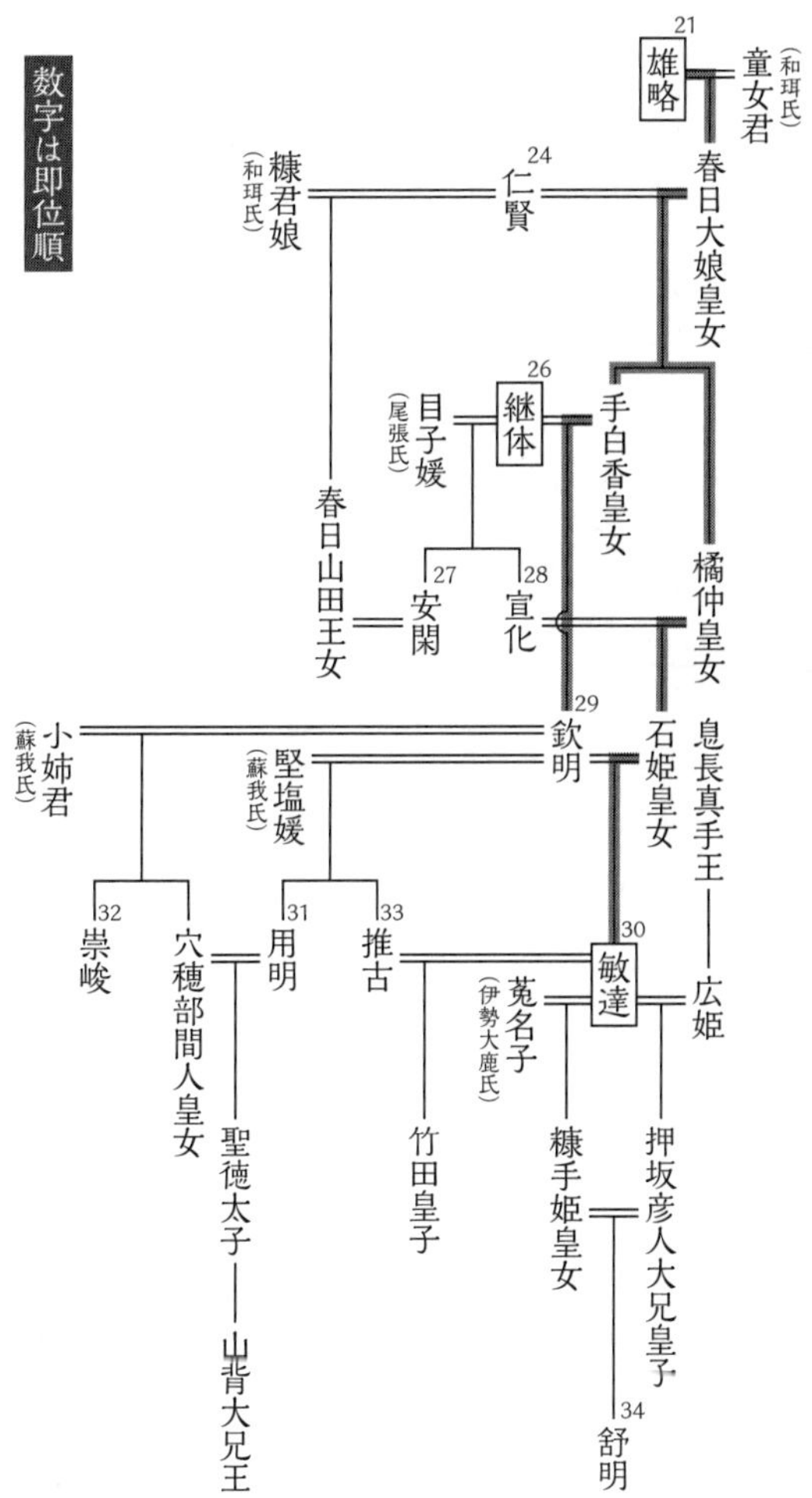

数字は即位順

力の女との結婚で、（略）敏達の皇后だった炊屋姫（のちの推古）を穴穂部皇子が犯そうとしたのも（『日本書紀』用明天皇元年五月条）、それが皇位への早道だったからである。

古代天皇（大王）家は、女系図で皇統をつないでいた。

話を元に戻すと、最終段階（『古事記』『日本書紀』の完成時）で「五世孫」の系譜のうちの「若野毛二俣王」「大郎子」「乎非王」の部分が存在していなかったとした場合に、その部分を「虚偽」の人名で埋める捏造もできたはずなのに、それをしなかったのはなぜかという疑問が出る。それは、継体天皇が皇統外からの流入者だったにしても、「女系の血統」によって雄略天皇からの血統は維持されたことになったのだからそれでよしという雰囲気が、編者たちの意識の中にあったからではあるまいか。つまり、ヤマト国家の側には、唐とは異なり、女性天皇はもとより「女系の血統」も許容したであろう弥生時代以来の感覚が、強く存在していた可能性がある。

第十章　地方有力者層の男系・女系の交錯

七〇〇年前後有力者層の男系・女系の相互性

ところで、唐皇帝の男系男子継承制度のうちの「男子」の部分を除いた「男系継承」重視の方針は、天武・持統政権下で加速されたものと思われるが、一方で地方豪族のあいだでは女系重視の慣習も残存していたらしい。

先に、「腕輪の配置から女性首長であると確認された事例」（清家章『卑弥呼と女性首長』）として、熊本県から群馬県・千葉県・茨城県に及ぶ計十八例の古墳の存在が知られていることを紹介した。そして、この、九州から群馬・千葉・茨城県にまで及ぶ女性首長古墳の存在は、『風土記』『日本書紀』の女族長・女酋の記述が九州を中心に関東圏にまで及んでいたこととも一致していると述べた。

この群馬・千葉・茨城県のうちの、現群馬県高崎市南部に存在する上野三碑が、七〇〇年前後のころの地方有力者層の女系重視の系譜意識を示す史料として参考になるだろう。

女が主体の系譜の山上碑

上野三碑は、山上碑（天武天皇十年〔六八一〕）、多胡碑（七一一年）、金井沢碑（七二六

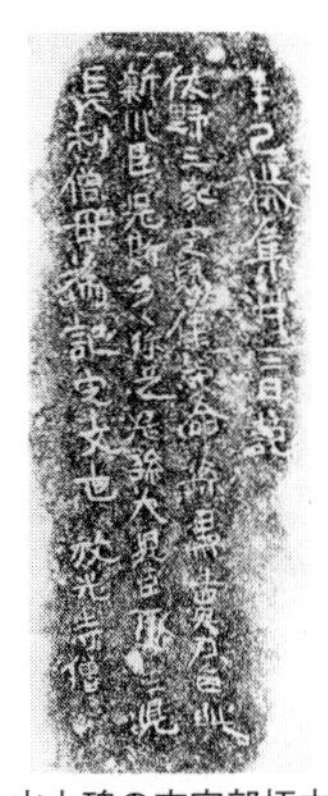

山上碑の文字部拓本

山上碑（共に高崎市教育委員会提供）

年）の三つである。このころの有力者層の系譜意識が推測されるものとしては、このうちの山上碑と金井沢碑が重要である。この二つについて、順に見ていこう。

【山上碑】

（原文）辛己（ママ）歳集月三日記
佐野三家定賜健守命孫黒売刀自此
新川臣児斯多々弥足尼孫大児臣娶生児
長利僧母為記定文也　放光寺僧

（訓読文）辛巳（かのとみ）の年十月三日に記す。
佐野（さの）の三家（みやけ）と定め賜える健守（たけもり）の命（みこと）の孫（そん）、黒売（くろめ）の刀自（とじ）。此（これ）、
新川（にいかわ）の臣（おみ）の児（こ）、斯多々弥（したたみ）の足尼（すくね）の孫、大児（おおこ）の

臣を娶きて生む児、
長利の僧、母の為に記し定める文也。放光寺の僧。

（現代語訳）（略）佐野の三家（屯倉）をお定めになった健守の命の子孫、黒売の刀自。これ（黒売の刀自）が、新川の臣の子の斯多々弥の足尼の子孫の大児の臣を娶きて（夫として）生んだ子である、長利の僧（私）が、母（黒売の刀自）のために記し定めた文である。放光寺の僧。

この系譜を図示すると、以下のようになる。

健守の命……黒売の刀自(女)

新川の臣――斯多々弥の足尼……大児の臣

（黒売の刀自＝大児の臣）――長利の僧

ここで注目されるのは、「黒売刀自此　新川臣児斯多々弥足尼孫大児臣娶生児」の部分の「娶」をどのように解釈するかである。

漢字「娶（めとる）」の意味は、『大漢和辞典』（諸橋轍次著、大修館書店、一九四三―一九六〇年）によれば「めとる」であり、『説文』（後漢の一〇〇年ごろ成立）には「娶、取婦也」（娶は、婦を取るなり）とあって、めとる対象は「婦」（女）であったことがわかる。

ところが、次に引用する『日本書紀』神代第九段本文の「娶」のように、〝女が男を娶く（夫とする）〟あるいは〝女が男に娶ふ（う）〟というふうに、主格を「女」としなければ意味の通らない例がある。

時に彼の国に美人有り。名を鹿葦津姫と曰う。亦の名は神吾田津姫。亦の名は木花之開耶姫。皇孫、此の美人に問いて曰わく、「汝は誰が子ぞ」とのたまう。対えて曰さく、「妾は是、天神の、大山祇神を娶きて、生ましめたる【「天神の」を〝女神である天神が〟と解釈すれば、「生みたる」と訓読すべきであろう】児なり〔妾是天神娶大山祇神、所生児也〕」ともうす。

（さて、その国に一人の美人がいた。名をカシツヒメという（別名は、カムアタツヒメ、またコノハナノサクヤヒメ）。皇孫（ホノニニギのみこと）が、この美人に「お前は誰の娘か」と尋ねると、「私は、天つ神が、オオヤマツミの神を夫として、生んだ子です」と答えた。）

傍線部は、皇孫（ホノニニギ）の問いかけに対して、カシツヒメが〝私は、天つ神（神名不詳だが女神であろう）が、大山祇神（男神）を夫として（娶きて）生んだ子です〟と解釈できる。

この部分は、『古事記』でも次のようになっているので、カシツヒメ（神阿多都比売）が「大山津見神（大山祇神とも書く、男神）の女」であるという点は一致している。

是に天津日高日子番能邇邇芸能命、笠沙の御前に、麗しき美人に遇いたまいき。爾に「誰が女ぞ」と問いたまえば、答え白しく、「大山津見神の女、名は神阿多都比売、亦の名は木花之佐久夜毘売と謂う」ともうしき。

（ここにホノニニギのみことが、笠沙の岬で、麗しい美人に出会った。そのとき「誰の娘か」と尋ねると、「オオヤマツミの神の娘の、カムアタツヒメ、別名はコノハナノサクヤビメです」と答えた。）

先の『日本書紀』神代第九段本文の「天神（あまつかみ）」について、義江明子『日本古代系譜様式論』（吉川弘文館、二〇〇〇年）は、この一節だけでは「天神」が「男か女かはわからない」が、同じ段の第二の一書に「妾（やつこ）は是（これ）大山祇神の子（むすめ）」「妾が父（かぞ）大山祇神在（はべ）り」とあり、『古事記』の同じ部分にも「大山津見神の女（むすめ）、名は神阿多都比売（かむあたつひめ）」「僕（あ）が父大山津見神」とあるので、「明らかにオホヤマツミ＝男、に対する天神＝女である」と述べている。すなわち義江は、「天神の、大山祇神を娶きて」の「天神」は女神だと推定したのである。そのうえで義江は同書で次のように述べた。

> 編纂の歴史書である『日本書紀』に一例、地方豪族層の手になる金石文史料【山上碑】に一例、「女娶男生」の例がみられることは、こうした例が実際にはもっと広範に存在したであろうことをうかがわせる。「娶生」系譜は、娶＝ミアフの語義からも推定されるように、男女双方が主体となる相互婚を基礎とする系譜表現なのである。

義江は、山上碑の「黒売刀自……大児臣娶生児」を「黒売の刀自……大児臣に娶（みあひ）て生む児」と訓読した（同書）。つまり、山上碑と『日本書紀』神代第九段本文の漢字「娶」を、女の側を主体としたいわば〝婿を取る〟意味で用いた例として位置づけたのである。

母親を主として婚姻関係を記述する金井沢碑

ただし、婿取りの場合には、そこで生まれた子は母親の姓を名乗ることになるはずであるが、次に引用するように、上野三碑のうちの金井沢碑（七二六年）では、母親を主として婚姻関係を記述しているのに、その子は夫の氏族名で書かれているので、いわゆる婿入り制でもない形式が存在していたことになる。

【金井沢碑】（□は欠字）

（原文）上野国群馬郡下賛郷高田里
三家子□為七世父母現在父母
現在侍家刀自他田君目頰刀自又児[加]
那刀自孫物部君午足次𩡧刀自次[若]𩡧

刀自合六口又知識所結人三家毛人
次知万呂鍛師礒部君身麻呂合三口
如是知識結而天地誓願仕奉
石文
　神亀三年丙寅二月廿九日

（訓読文）（略）三家の子□が、七世の父母と現在の父母の為に、現在侍る家刀自、他田君目頬刀自、又児加那刀自、孫物部君午足、次に馴刀自、次に若馴刀自、合わせて六口（略）

「加那刀自」の母は「他田君目頬刀自」とあるように、実家の姓「他田君」を冠して呼ばれていた。また、そのあとは、娘の「加那刀自」を主とする記述になっている。これも、「男女双方が主体となる相互婚を基礎とする系譜表現」（義江明子）の一例であろう。
また、第五章で引用した鳥越・若林『弥生文化の源流考』によれば、海東大寨のワ族の

三家の子□(男)
=他田君目頰刀自(女)

加那刀自(女)
=(物部君)

物部君午足
(物部君) 馸刀自(女)
(物部君) 若馸刀自(女)

村では、「各家は世代ごとに、迎えた夫の氏族に変更されるという奇妙な氏族制になっている」ということだった。これと同じように、古代ヤマトにおいても、女が男を娶く（夫とする）母系（女系）的系譜も存在していたのだが、その場合にも、子の名の頭には夫の氏族名（他田君、物部君）を冠するということがあったようである。

これら山上碑・金井沢碑を手がかりにすれば、少なくとも関東地域の豪族層では、女性

金井沢碑の文字部拓本

金井沢碑（共に高崎市教育委員会提供）

を主軸にした系譜意識、また女系と男系が交じり合う系譜意識が存在していたことがわかる。このような系譜意識は、すでに見たように、古墳埋葬者から推定された女性首長の九州から関東に及ぶ分布や、その地域と重なる『風土記』『日本書紀』の女族長・女酋記事の分布などから推測するに、おそらく関東以外の地域にも存在したと思われる。すなわち、男系の方向で整理・編集された『古事記』『日本書紀』の天皇系譜は、日本列島の基層文化の系譜意識とは異質な、特に古代天皇国家の中央部で選択された、舶来性の強い系譜意識だったということになる。

終章　ヤマト的なるものの根源から天皇位継承について考える

以上からわかってきたことを以下にまとめたうえで、皇位継承問題についての私なりの提言を述べて終章としよう。

縄文・弥生・古墳時代まで遡る

ヤマト的なるものの根源と言っても、石器時代まで入れてしまうと文化論としての幅が広がり過ぎてしまうので、さしあたり、紀元前一万三〇〇〇年ごろからの縄文時代を出発点にする。青森県の三内丸山遺跡など集落単位での生活形態が見え始める縄文時代後期・晩期、水田稲作技術が流入して定着生活の進む弥生時代、各地に有力族長（豪族）が登場してプレ（前）王権が見え始める古墳時代、これら私の言う〈古代の古代〉に焦点を当てる。

しかし、この無文字文化時代の日本列島民族には独自の文字文献史料が無いので、この時期の文化状況については考古学および中国側古典籍の助けを借りる以外にない。

しかし、六〇〇年代末に使用され始めた「天皇」という称号は、『古事記』（七一二年）、『日本書紀』（七二〇年）によって、初代神武（じんむ）天皇にまで遡（さかのぼ）って冠せられたので、あたかも、「天皇」と称される王が神武以来存在していたかのような錯覚を生じさせた。そのうえ、唐皇帝の男系男子継承のうちの男系継承の模倣を徹底するべく、おそらくは、なにがしかの創作・改変・捏造を加えて、神武以来の系譜を男系継承の方向で整えたために、神武以来の族長位継承が、すべて男系だけだったかのような記紀系譜が後世に残された。

天皇位の男系主義は中国の皇帝制度の模倣

王（皇帝）が男系の男子でなければならないというのは、中国漢族の皇帝制度の思想であった。しかし、日本では王（天皇）が「男子」という条件は絶対的なものではなく、ときには女性天皇の登場も容認された。三十三代推古天皇から一一七代後桜町天皇（即位一七六二年）まで、八名十代の女性天皇が知られている。

しかし、六〇〇、七〇〇年代のアジアにあっては、隋・唐の大陸国家から見れば、王（皇帝）が女性であることは軽侮されることであった。しかしながら、ヤマト文化には、縄文時代以来の、女性に特別な敬意をいだく感性の基盤が存在しただけでなく、弥生時代の卑弥呼以来の女性リーダー（女族長・女酋）の伝統があった。『風土記』『日本書紀』は、九州から関東圏に至る地域に女性リーダーが存在したことを記録しているし、考古学的にも女性首長の墓と思われる古墳が関東圏の群馬・千葉・茨城県に四例知られている。したがって、ヤマトでは、東アジア最初の女帝として推古天皇を登場させることにも違和感が生じなかったのであろう。

縄文・弥生・古墳時代は母系と父系がない交ぜだった

ところで、縄文・弥生・古墳時代の系譜語りの実態は、文献史料からはほとんどわからない。わからないということは、そこにはいくつもの可能性が隠れているということでもある。それは、①母系（女系）が普通だった、②父系（男系）が普通だった、③母系と父系がない交ぜになる双系だった、④母系の場合は、もともとは系譜を伝えようとする意識そのものが無かった、⑤母系か父系かに関係なく、母権あるいは父権の場合には、族長位の継続性という意識が生じて系譜を伝えようとする意識も発生した、⑥あるいはこれらとはまったく違った別の状況があった、といったものである。

学問的客観性に忠実な論者なら、一般的に、これら①〜⑥のどれか一つだったと断定することはしないで、〝確かなことはほとんどわからない〟という態度を取るものだ。

ところが、戦前までの皇国史観の論者は、②のように「父系（男系）が普通だった」と断言しただけでなく、この考え方を国民にも強制した。

大日本帝国憲法と天皇

大日本帝国憲法（明治二十二年〔一八八九〕）の「第一章　天皇」の第一条は『大日本帝国ハ万世一系ノ天皇之ヲ統治ス」となっている。またその第二条「皇位ハ皇室典範ノ定ムル所ニ依リ皇男子孫之ヲ継承ス」は、中国皇帝の男系男子絶対主義の導入（模倣）を、憲法に明文化することによって絶対的規定とした。

また、第三条には「天皇ハ神聖ニシテ侵スヘカラス」として、天皇の神話王・呪術王としての存在を明文化した。この神話王・呪術王の側面を、縄文・弥生時代以来の土俗文化継承の象徴として民間レベルにとどめておけば、「超一級の無形民俗文化財」（工藤『大嘗祭(だいじょうさい)――天皇制と日本文化の源流』）すなわち文化的価値として日本国に貢献できた。しかし、次の「第四条　天皇ハ国ノ元首ニシテ統治権ヲ総攬シ」という規定を加えたことによって、〈国家〉の最高統括者が、行政王・武力王・財政王と、「神聖ニシテ侵スヘカラス」という神聖性も併せ持ったことになり、ここに、天皇制ファシズム国家が近代法の裏付けを持って成立することになったのである。

大日本帝国憲法の第一章第一条は、天皇が超越的存在であることの根拠として、「万世一系」を明示した。しかし、『古事記』『日本書紀』の「万世一系」の天皇系譜は、中国長江流域少数民族文化の、神々に発して現在の自分までを語る系譜と同系統のものである。一般に少数民族は〈国家〉を作らない（作れない）ので、その系譜が国家段階にまで残ることは稀（まれ）なのだが、日本古代国家は、少数民族的な、神話世界の神に発する「万世一系」の系譜を国家段階にまで継承し、天皇系譜という政治装置へ転化させるという、例外的な過程を歩んだ。

それから約一二〇〇年弱後の一八〇〇年代末の明治日本は、近代合理主義を主軸とする西欧近代文明を移入した国家構築であったにもかかわらず、六〇〇、七〇〇年代の日本古代国家建設時に採用された、実利的な行政王・武力王・財政王と、反実利的な神話王・呪術王（近代化の側からみれば後進性）の合体した天皇制を再登場させた。ここに、近代国家なのに反（非）近代性も濃厚に抱え込んだ日本国が姿を現し、それが敗戦後の二十一世紀現代にまで、姿を変えつつも本質部分はそのままに継続されてきたことになる。

新皇室典範は旧皇室典範をほぼ継承

新皇室典範（昭和二十二年〈一九四七〉）の第一条「皇位は、皇統に属する男系の男子が、これを継承する」は、旧皇室典範の「第一条　大日本国皇位ハ祖宗ノ皇統ニシテ男系ノ男子之ヲ継承ス」をそのまま継承し、第九条「天皇及び皇族は、養子をすることができない」も、天皇家の血筋の絶対化を旧皇室典範からそのまま継承した。

大日本帝国憲法は、侵略的性格の濃厚だった西欧列強との対抗上、富国強兵策を取らざるをえなかった時代の産物だったこともあって、皇位継承の男系かつ男子絶対主義など男性原理に偏ることになった。

しかし、皇位継承を「皇統に属する男系の男子」に限定するには、天武・持統政権時代のように、側室を九名まで許容し（一夫多妻の容認）、叔父（天武。天智天皇と同父母の実弟）と姪（持統。天武の実兄天智天皇の娘）の結婚（近代社会では近親結婚になる）も許容するような、補強システムが必要であった。しかし、明治以後は曲がりなりにも近代国家の体裁を採った以上、側室制度も近親結婚も公然と選ぶことはできなかった。

そのうえ、敗戦後は、マッカーサー司令官のGHQ（連合国軍総司令部）の方針により、十一宮家五十一人が皇籍離脱し（昭和二十二年〔一九四七〕）、残されたのは秩父・高松・三笠の三宮家だけとなった。

このような状況の中で「皇位は、皇統に属する男系の男子が、これを継承する」という規定を維持し続けようとすれば、これからの近い将来に、皇位継承が不可能になる事態が訪れるのは容易に理解できるだろう。それにもかかわらず、女系天皇絶対反対を主張し続けている論者は、結果的には、皇統断絶、さらには天皇存在消滅を引き寄せようとしていることになるのだから、彼らの本心は天皇制消滅を願っているのではないかと勘ぐられても仕方がないだろう。

　女系天皇絶対反対論者を縛っている最大のものは、「皇位は、過去一貫して男系により継承されてきた」（「皇室典範に関する有識者会議報告書」）という認識である。この認識から解放されるには、「七〇〇年代初頭の『古事記』『日本書紀』の記述をそのまま信じるという立場に立つかぎりでは、過去ずっと男系で継承されてきているように見える」という柔らかな視点に切り替え、さらに、本書が主張するように、「縄文・弥生・古墳時代は母系と父系がない交ぜだった」という推定を採り入れれば、女系天皇絶対反対を叫び続けることが結果的に、支えようとしているはずの天皇制そのものを滅ぼすという、自己矛盾から抜け出せるであろう。

　敗戦後は民主主義及び平和主義の時代になったのだから、〈古代の古代〉以来ヤマト王権に濃厚だった、女性原理の強い神話王・呪術王の側面をこそ再評価すべきであった。したがって、新憲法・新皇室典範に代わるときに、皇位の男系男子絶対主義を見直して、〈古代の古代〉以来の女性天皇および女系天皇も加えた柔軟な継承形態に戻すべきであった。

現憲法の天皇条項は超越性の根拠を潜在化させた

しかし、敗戦後の日本国憲法（昭和二十一年〈一九四六〉）においては、天皇は行政王・武力王・財政王の側面を失い（第一章第四条「天皇は、この憲法の定める国事に関する行為のみを行ひ、国政に関する権能を有しない」）、神話王・呪術王の側面だけの存在となった。「第一章　天皇」の第一条は「天皇は、日本国の象徴であり日本国民統合の象徴であつて、この地位は、主権の存する日本国民の総意に基く」と変わった。

しかし、この条文には、〝天皇だけが超越的存在であることの根拠〟が明示されていない。大日本帝国憲法は、天皇氏族だけが天皇になれる根拠を、「万世一系」と「天皇ハ神聖ニシテ侵スヘカラス」という形で明示した。しかし、日本国憲法には、この明示が無い。

なお、敗戦後の昭和二十一年（一九四六）一月一日に、天皇は、「新日本建設に関する詔書」いわゆる〝人間宣言〟を発した。

朕と爾等国民との間の紐帯は、終始相互の信頼と敬愛とに依りて結ばれ、単なる神話と伝説とに依りて生ぜるものに非ず。天皇を以て現御神とし且日本国民を以て他の民族に優越せる民族にして、延て世界を支配すべき運命を有すとの架空なる観念に基くものにも非ず。

このうちの「日本国民を以て他の民族に優越せる民族にして、延て世界を支配すべき運命を有すとの架空なる観念」という部分はその通りだが、天皇を「現御神」とすることまで否定したのは、天皇を特別の超越的存在だとする観念が前提になっている日本国憲法の天皇条項の隠された本音と矛盾している。

しかし、当時の宮中（侍従長など）と天皇自身は、「昭和天皇が神であることは否定するが、神の末裔であることは否定しない」ということだったようだ（「ＮＨＫスペシャル」取材班『日本人と象徴天皇』新潮新書、二〇一七年）。これが、日本国憲法の天皇条項の隠された真意である。

しかし、「国民主権」を主精神とする民主憲法下の日本社会にあっては、天皇だけが特別扱いされる条件としての、潜在化している「万世一系」と「天皇ハ神聖ニシテ侵スヘカラス」が、多くの支持を得ることはもはや無理であろう。天皇の存在根拠が「万世一系」と「現御神」（現人神）にあるというのは、民間の神社の神主、たとえば、高天原神話のアメノホヒのみことを祖神として現在の八十四代宮司まで継続する系譜を伝えている出雲大社の千家家なら民俗文化として許容されるが、国家段階の象徴王としては理解を得るのは難しいだろう。

私は、天皇存在は、「縄文・弥生時代以来の、アニミズム・シャーマニズム・神話世界性といった特性を、神話・祭祀・儀礼などの形で継承し続けている」すなわち「超一級の無形民俗文化財」であることに、根源的な根拠があると述べた。自然との共生と節度ある欲望に特徴を持つアニミズム系文化は、自然の生態系重視のエコロジー思想と基盤を共有しているのであり、世界的普遍性を持っている。そのようなアニミズム系文化を体現している超一級の無形民俗文化財としてこそ、天皇は存在の根拠を持つという風に、日本国民は意識を切り替えるべきなのである。

天皇存在の根拠は血統ではなくアニミズム系文化

このように、「万世一系」「現御神」（現人神）とは別次元の、アニミズム系文化の体現というところに天皇存在の根拠を求める視点に立つと、第六章で触れた、折口信夫「女帝考」が思い出されるであろう。折口は、天皇制の本質を、男系か女系かという血統の次元を超えて、神と天皇のあいだに位置する「中天皇」（女性）によって与えられる霊的資質にあるのだとしていた。天皇が「神聖にして至尊である根拠」は「特殊な霊能力の所有者によって与えられる」（中村生雄）としたのである。

　このとき思い出されるのは、邪馬台国の「女王」卑弥呼の存在である。しかも卑弥呼は、「年はすでに長大だが、夫婿（夫）はなく」とあったし、卑弥呼の宗女（跡継ぎの娘）台与は十三歳で、卑弥呼の実の娘であるはずはないので、トヨは、「血統」によってではなく、「霊的資質」（同）によって跡継ぎとなったのだと思われる。

　天皇は、斎宮や皇后のこの「霊的資質」つまり女性原理の部分に支えられたうえで、行政王・武力王・財政王など現実社会的威力を発揮できたのである。

　十九世紀末の明治政府は、天皇存在の女性原理の部分を極力排除し、男性原理だけで覆い尽くそうとした。しかし、天皇存在は、一九四五年の敗戦以後は行政王・武力王・財政王の部分をほとんど失ったのだから、今こそ神話王・呪術王いわばアニミズム系文化の象徴としての存在に特化すべきなのである。具体的には、大嘗祭・新嘗祭など稲を代表とする穀物の稔りを保証する祭祀、鎮魂祭という生命力復活・更新の祭祀、大祓ほかの災い除却の祭祀など、大宝律令の神祇令 祭祀の継承が重要である。

天皇位の男系男子継承絶対主義は明治から

繰り返し述べてきたことだが、天皇位の男系主義と男性天皇でなければならないという規定を絶対化したのは、明治政府の大日本帝国憲法である。

明治新政府は、各神社の女性神職の廃止（小平美香『女性神職の近代――神祇儀礼・行政における祭祀者の研究』ぺりかん社、二〇〇九年）、「女官総免職」（武田佐知子『衣服で読み直す日本史――男装と王権』朝日新聞社、一九九八年）、大嘗祭からの造酒児（造酒童女）の排除（工藤『大嘗祭――天皇制と日本文化の源流』）など、天皇存在から女性原理的部分を積極的に消し去った。

高木博志『近代天皇制の文化史的研究』（校倉書房、一九九七年）は、慶応四年（一八六八）八月十二日の動きについて、次のように述べている。

御即位新式取調御用に津和野藩主亀井茲監と津和野藩士福羽美静、同御用掛に津和

野藩士（略）の三名が任じられている。ここで（略）福羽美静をはじめとする津和野派国学者が登用されているのは、政治的には幕末以来長州藩との結びつき、維新政府による天皇の「政治君主化」、「最高祭主化」に即応した神祇行政において「一貫して主導的地位」にあったゆえである。そして即位式は公卿の主張する「旧来の朝廷・公卿百官主体の儀式」ではなく、津和野派の主導する「維新政府主体の儀式」として執り行なわれることとなった。

その後、明治二十二年（一八八九）に大日本帝国憲法が発布され、その第二条「皇位ハ皇室典範ノ定ムル所ニ依リ皇男子孫之ヲ継承ス」と規定することによって、中国皇帝の、男系男子絶対主義の模倣を完全に達成したことになる。

そして、敗戦後の昭和二十二年（一九四七）発布の（新）皇室典範においてもその精神は継承された。明治国家は、富国強兵時代にふさわしい行政王・武力王・財政王と神話王・呪術王とを合体させた天皇のあり方に呼応する、皇位継承の男系男子絶対主義を成立させたのだが、敗戦後は民主主義体制に変わり、武力王・行政王の側面を失って神話王・呪術王（まとめて文化王）のみに限定された天皇存在に転じたにもかかわらず、依然としてこの明治政府以来の男系男子絶対主義が継承されて二十一世紀の現在にまで至っているのである。

提言

〔「象徴」の意味について〕

大日本帝国憲法は、天皇氏族だけが天皇になれる根拠を、「万世一系」と「天皇ハ神聖ニシテ侵スヘカラス」という形で明示した。しかし、日本国憲法には、「天皇は、日本国の象徴であり日本国民統合の象徴であつて、この地位は、主権の存する日本国民の総意に基く」とあるだけで、その「象徴」および「日本国民の総意」の中身は明示されていない。その背後には、「万世一系」と「天皇ハ神聖ニシテ侵スヘカラス」（現人神的性格）が潜在化されているものと思われるが、この隠された理由づけは、合理主義と民主主義（国民主権）の現日本国憲法下では、再び表面に出しても「日本国民の総意」として受け入れられるのは困難であろう。

それでは、天皇存在の、合理主義と民主主義の時代にも通用する根拠はなにかといえば、それは、縄文・弥生時代に源を持つアニミズム系文化の体現者であるという点であろう。

アニミズム系文化とは、再確認しておくと、アニミズム（自然界のあらゆるものに超越的・霊的なものの存在を感じ取る観念・信仰）・シャーマニズム（アニミズムと神話的観念にもとづく呪術体系）・神話世界性（人間にかかわるすべての現象の本質を、アニミズム的な神々の作り上げた秩序の枠組みの中の物語として象徴化して把握するもの）をまとめて総称としたものである。このアニミズム系文化には、自然との共生と節度ある欲望という、地球環境に優しい本質を持っており、そこには現代のエコロジー思想（自然世界の生態系を重視する思想）に通じる世界的普遍性がある。

アニミズム系文化の、自然との共生と節度ある欲望の精神は、二〇一五年の国連総会で、全加盟国が合意した、SDGs（エスディージーズ）（持続可能な開発目標）とも合致するであろう。SDGsの特に「13　気候変動に具体的な対策を」「14　海の豊かさを守ろう」「15　陸の豊かさを守ろう」（蟹江憲史（かにえのりちか）『SDGs』中公新書、二〇二〇年）は、アニミズム系文化の精神に近い。さらにアニミズム系文化には、一神教のような排他性を帯びた本格宗教になる前段階の、土俗文化、基層文化の寛容性・柔軟性もある。

したがって、天皇存在が、縄文・弥生時代に源を持つアニミズム系文化の伝統継承者として日本列島文化の〝ヤマト的なるもの〟の象徴であることを、憲法の天皇条項に明示すべきであろう。
この提言の参考になると思われる法律は、文化財保護法である。同法には、「風俗」「慣習」「民俗芸能」「民俗技術」を合わせた「重要無形民俗文化財」が全国で三一八件指定されている。大嘗祭に代表される天皇祭祀は、これら三一八件と同質のアニミズム系文化の中にあるだけでなく、天武・持統政権以来、国家との結びつきを持って少なくとも一三〇〇年の伝統を維持している点が、別格の存在であることの根拠である。そこで私は、天皇文化を「超一級の無形民俗文化財」と位置づけたのであるが、国民主権の現憲法下で天皇氏族だけを超越的存在とするためには、この「超一級の無形民俗文化財」という位置づけを、条文としての表現を工夫したうえで、憲法の天皇条項および皇室典範に採り入れるべきであろう。

〈**男系男子継承絶対主義からの脱却**〉
日本の、ヤマト的なるものの本質を遡れば、少なくとも縄文・弥生・古墳時代までを視野に入れなければならない。この時期の族長たちの系譜がどのようなものだったのかを示す確かな文献史料は無いが、『古事記』『日本書紀』の初期天皇系譜、文化人類学的資料などから総合的に推定するに、母系（女系）と父系（男系）がない交ぜになった系譜意識だったと思われる。記紀の天皇系譜からわかることは、五〇〇年代くらいから男系優位のほうに傾き、天武・持統政権下で唐皇帝の男系男子継承のうちの男系継承の部分だけを積極的に移入した。その男系継承の理念に合わせて編集された系譜が『古事記』『日本書紀』において、漢字で固定化されて権威化した。

明治政府は、男系だけでなく男性天皇まで絶対化して、唐文化の模倣を徹底させた。しかし、一九四五年の敗戦後は民主主義社会に変わったのだから、まず唐文化の絶対視・模倣を停止すべきである。そのうえで、天武・持統政権下では女性天皇は許容されていたのだから、最低限でも女性天皇を認める方向で皇室典範を改正すべきである。

しかし、縄文・弥生時代以来の、日本王権の女性原理的部分の資質から考えれば、さらに進んで女系天皇もまた許容されるべきである。したがって、皇室典範は、女性天皇はもちろん女系天皇も許容される方向で改正されるべきである。

〔血統を超える価値を〕

そのうえで、天皇存在がこれからの未来の日本でも受け入れられ続けるためには、いずれは男系か女系かという血統の視点を超えた新たな価値の再発見が必要になる。

十三歳で「女王」卑弥呼の跡継ぎになったトヨが卑弥呼の実の娘ではなかったと推定されるように、天皇が帯びるアニミズム系文化の象徴性は、実は「血統」によってではなく、「霊的資質」（中村生雄の用語）の継承によって保証される。「霊的資質」とは、自然界に漂う生命力のようなものを祭祀を通して具現化する能力のことである。となれば、継承には、血統が唯一の条件ではなくなることになる。

旧皇室典範は、第四十二条に「皇族ハ養子ヲ為スコトヲ得ス」と明記して、血筋の絶対化をさらに強化した。この規定によって、天皇位継承において、茶道・華道・歌舞伎などのような、血のつながりが無くても養子、婿入り（女系継承になる）、襲名によって系譜を維持することのできる道が閉ざされた。この規定は、新皇室典範の第九条「天皇及び皇族は、養子をすることができない」にそのまま継承された。しかし、将来的には皇室典範を改正して、天皇位継承は、女系継承（婿入り）の許容だけでなく「養子」も可能になる方向に向かうべきであろう。

おわりに

いま振り返ってみれば私の研究生活は、日本伝統の〝一筋の道を貫く〟文化とは正反対のものであり、いくつもの道を遠回りして今に到っていることがわかる。研究生活の生涯を一つの領域の中で送るのではなく、経済学から始まって、芸術学（特に演劇学）、民俗学（特に民俗芸能）、日本古代文学、考古学、文化人類学と研究領域を広げてきて現在に到っている。

丸山真男（まるやままさお）は、『日本の思想』（岩波新書、一九六一年）で、日本社会を「タコツボ型社会」だとしたうえで、学問・思想の世界についても「文学者、社会科学者、自然科学者それぞれがいわば一定の仲間集団を形成し、それぞれの仲間集団が一つ一つタコツボになっている」（傍点原文）と述べた。この本は、当時の知識人・研究者のあいだで広く読まれた。

しかし、その後の日本社会のタコツボ型構造は大きく変わることはなく、表層部分でそれなりに近代化は進んだにしても、基層部分では、依然としてムラ社会性と島国文化性を色濃く残し続けてきた。同じように学問・思想の世界でも、タコツボ型構造はそれほど大きくは変わっていない。

私の研究歴の中で最も重要だったといま思えるのは、『古事記』『日本書紀』『風土記』『万葉集』など古代文学の学会に所属して、それぞれの専門研究の手法を基礎研究の段階から実践できたことである。これらの作品のそれぞれの概要は現代語訳で把握できるが、しかしその背景には、古代文学研究特有の難問がある。その第一は、まだ片仮名・平仮名が無かったので、中国語文章体や漢字表記の裏側のヤマト語表現の世界を浮かび上がらせるのが難しいことである。その第二は、『古事記』などの作品として漢字で記述される以前に、長く見積もれば縄文時代以来の一万三〇〇〇余年の無文字文化の時代があり、その無文字文化時代のヤマト語表現世界に近づくのが難しいことである。

そのような中で私が実感したのは、古代文学研究の学界もまた、その大勢はタコツボ型の中にあるということであった。第一に、漢字で書かれた世界の内側に籠もった訓詁(くんこ)注釈以外に研究価値を見いださない態度が一般であること。第二に、地域に対する視野は、一般に日本列島の本州・四国・九州の範囲を出ないこと。第三に、縄文・弥生・古墳時代の、無文字文化時代のヤマト語表現世界に対しては、積極的な接近を避けていること。
私はかつて、次のように述べた（『古事記の起源――新しい古代像をもとめて』中公新書、二〇〇六年）。

『古事記』（七一二年成立）には、大まかには四つの顔がある。神話の書、文学の書、神道の教典の書、天皇神格化のための政治の書という顔である。この四つの顔が渾然一体となって『古事記』という一つの作品になっているのだが、これらのうちのどの部分を強調するかによって『古事記』は異なる表情を見せてくる。

現在の古事記研究は、これら四つの顔のうちの「神話の書」「文学の書」の側面に集中している。しかし、敗戦前までの日本のように軍国主義ファシズムと天皇制が結びついていた状況の中では、「神道の教典の書、天皇神格化のための政治の書」という部分が圧倒的に表面に出てきたので、本居宣長『古事記伝』以来の、文字世界と日本列島の内側に籠もる国学的古事記研究は、容易に当時の政治状況に飲み込まれてしまった。
というのも、『古事記』『日本書紀』は、皇位継承有資格者の皇子およびその関係者の高位者が編纂したのであるから、もともと「天皇神格化のための政治の書」を目指して書かれているのは当然のことなのである。これは、本書がテーマとした天皇系譜についても同じことなのであって、唐皇帝の男系男子継承のうちの「男系」だけの移入を編纂方針としていたに違いないのだから、『古事記』『日本書紀』の天皇系譜が基本的に男系継承に整えられた(小さなほころびはあるが)ものであることは自然の成り行きであった。

したがって、『古事記』『日本書紀』(『万葉集』も)を相対化する視点を持たぬままに無自覚に読んでいると、自然に「天皇神格化」の文脈に取り込まれてしまうのである。『古事記』『日本書紀』の分析をタコツボ型構造から解放する、すなわち相対化するには、文字文献の外側の世界および日本列島の外側の世界(アジア全域)を視野に入れること、そして縄文・弥生・古墳時代の無文字文化を、それらに近いと思われる前近代社会を調査する文化人類学の手法によって、モデル理論的に浮かび上がらせることが重要である。特に文化人類学は、縄文・弥生時代と質的に近いアジア辺境地域諸民族の集落を実際に訪問することが必要なので、私の時間のかかる遠回りの研究スタイルを、いっそう遠回りにさせた。

このように遠回りの道を選んだ研究者の場合、長生きできる幸運に恵まれることが必須の条件である。もしも、一九九五年十月に、雲南省瀘沽湖の、母系制のモソ（摩梭）人の文化調査からの帰途、乗っていたジープが土手下に半回転して転落した事故で人生が終わっていたら、その後の私の諸研究はいっさい登場しなかったのだから。

そしてもう一つの幸運として、遠回りしたものにしかたどり着けない境地を雑多だとマイナス方向で評価するのではなく、むしろ多方面展開の魅力として受けとめてくれる出版社、編集者に巡り会えなければならない。私はこの幸運にも恵まれた。一年間の雲南少数民族文化調査を終えた一九九六年以後についていえば、私に単行本刊行の機会を与えてくれた、大修館書店、勉誠出版、中央公論新社、三弥井書店、新潮社、新典社およびそれぞれの社の編集者諸氏に感謝したい。

そのような流れの中で、今回は、初めて朝日新聞出版からの刊行となった。編集部の国東真之氏とは、多方面展開の会話ができて、充実した打ち合わせになった。

二〇二〇年十二月十五日

工藤　隆

工藤　隆　くどう・たかし
1942年栃木県生まれ。東京大学経済学部卒業、早稲田大学大学院文学研究科修士課程修了、同博士課程単位取得退学。大東文化大学文学部日本文学科講師·助教授·教授を経て、現在同大名誉教授。日本古代文学専攻。中国雲南省雲南民族学院・雲南省民族研究所客員研究員（1995年４月～96年３月）。著書に、『日本芸能の始原的研究』『大嘗祭の始原』『古事記の生成』『四川省大涼山イ族創世神話調査記録』『雲南省ペー族歌垣と日本古代文学』『古事記の起源』『古事記誕生』『歌垣の世界』（日本歌謡学会第33回志田延義賞）『大嘗祭』『深層日本論』ほか多数。

朝日新書
799
女系天皇（じょけいてんのう）
天皇系譜の源流

2021年１月30日第１刷発行

著　者　工藤　隆

発行者　三宮博信
カバーデザイン　アンスガー·フォルマー　田嶋佳子
印刷所　凸版印刷株式会社
発行所　朝日新聞出版
〒104-8011　東京都中央区築地5-3-2
電話　03-5541-8832（編集）
　　　03-5540-7793（販売）

Published in Japan by Asahi Shimbun Publications Inc.
ISBN 978-4-02-295105-2
定価はカバーに表示してあります。
落丁·乱丁の場合は弊社業務部(電話03-5540-7800)へご連絡ください。
送料弊社負担にてお取り替えいたします。

朝日新書

たのしい知識
ぼくらの天皇(憲法)・汝の隣人・コロナの時代

高橋源一郎

きちんと考え、きちんと生きるために──。明仁天皇のビデオメッセージと憲法9条の秘密、韓国・朝鮮への旅、宗主国と植民地の小説。ウイルスの歴史を、カミュ、スペイン風邪に遡り、たどりつく終焉、忘却、記憶、ことば。これは生きのびるための「教科書」だ。

コロナと生きる

内田 樹
岩田健太郎

人と「ずれる」ことこそ、これからのイノベーティブな生き方だ! 「コロナウイルスは現代社会の弱点を突く〝21世紀の鬼っ子〟」という著者ふたりが、強まる一方の同調圧力や評価主義から逃れてゆたかに生きる術を説く。災厄を奇貨として自分を見つめ直すサバイバル指南書。

キリギリスの年金
統計が示す私たちの現実

明石順平

アリのように働いても、老後を公的年金だけで過ごすことは絶対不可能。円安インフレ、低賃金・長時間労働、人口減少……複合的な要素が絡み合う「年金制度」の未来とは。さらに、コロナ禍でますます悪化する日本財政の末路を豊富なデータをもとに徹底検証。

大阪から日本は変わる
中央集権打破への突破口

吉村洋文
松井一郎
上山信一

停滞と衰退の象徴だった大阪はなぜ蘇ったか。経済や生活指標の大幅改善、幼稚園から高校までの教育無償化、地下鉄民営化などの改革はいかに実現したか。「大阪モデル」をはじめ、新型コロナで国に先行して実効性ある施策を打てた理由は。10年余の改革を総括する。

朝日新書

読み解き古事記　神話篇

三浦佑之

「古事記神話は、日本最古の大河小説だ！」ヤマタノヲロチ、稲羽のシロウサギ、海幸彦・山幸彦など、古事記研究の第一人者が神話の伝える本当の意味を紐解く。イザナキ・イザナミの国生みから、アマテラスの子孫による天孫降臨まで、古事記上巻を徹底解説。

妻に言えない夫の本音
仕事と子育てをめぐる葛藤の正体

朝日新聞「父親のモヤモヤ」取材班

男性の育児が推奨される陰で、男性の育休取得率いまだ7%。なぜか？　今まで通りの仕事を担いつつ、いざ育児にかかわれば、奇異の目や過剰な称賛にさらされる。そんな父親たちが直面する困難を検証し、子育てがしやすい社会のあり方を明らかにする。

学校制服とは何か
その歴史と思想

小林哲夫

制服は学校の「個性」か？「管理」の象徴か？　かつて生徒は校則に反発し服装の自由を求めてきた。だが昨今では、私服の高校が制服を導入するなど、生徒側が自ら管理を求める風潮もある。時代と共に変わる「学校制服」の水脈をたどり、現代日本の実相を描く。

文化復興　1945年
娯楽から始まる戦後史

中川右介

8月の敗戦直後、焦土の中から文化、芸能はどう再起したか？　75年前の苦闘をコロナ後のヒントに！「玉音放送」から大みそかの「紅白音楽試合」までの139日間、長谷川一夫、黒澤明、美空ひばりら多数の著名人の奮闘を描き切る。胸をうつ群像劇！

朝日新書

疫病と人類
新しい感染症の時代をどう生きるか

山本太郎

新型インフルエンザ、SARS、MERS、今回のコロナウイルス……近年加速度的に出現する感染症は、人類に何を問うているのか。そして、過去の感染症は社会にどのような変化をもたらしたのか。人類と感染症の関係を文明論的見地から考える。

教員という仕事
なぜ「ブラック化」したのか

朝比奈なを

日本の教員の労働時間は世界一長い。また、教員間のいじめが起きたりコロナ禍での対応に忙殺されたりと、労働環境が年々過酷になっている。現職の教員のインタビューを通し、現状と課題を浮き彫りにし、教育行政、教育改革の問題分析も論じる。

ルポ トラックドライバー

刈屋大輔

宅配便の多くは送料無料で迅速に確実に届く。だが、IoTの進展でネット通販は大膨張し、荷物を運ぶトラックドライバーの労働実態は厳しくなる一方だ。物流ジャーナリストの著者が長期にわたり運転手に同乗取材し、知られざる現場を克明に描く。

坂本龍馬と高杉晋作
「幕末志士」の実像と虚像

一坂太郎

幕末・明治維新に活躍した人物の中でも人気ツートップの坂本龍馬と高杉晋作。生い立ちも志向も行動様式も異なる二人のキャラクターを著者が三十余年にわたり蒐集した史料を基に比較し、彼らを軸に維新の礎を築いた志士群像の正体に迫る。

朝日新書

いまこそ「社会主義」
混迷する世界を読み解く補助線

池上 彰
的場昭弘

コロナ禍で待ったなしの「新しい社会」を考える。ベーシックインカム、地域通貨、社会的共通資本――かつて資本主義の矛盾に挑んだ「社会主義」の視点から、いまを読み解き、世界の未来を展望する。格差、貧困、マイナス成長……資本主義の限界を突破せよ。

アパレルの終焉と再生

小島健輔

倒産・撤退・リストラ……。産業構造や消費者の変化で苦境にあったアパレル業界は、新型コロナが息の根を止めた。このまま消えゆくのか、それとも復活するのか。ファッションマーケティングの第一人者が、詳細にリポートし分析する。

でたらめの科学
サイコロから量子コンピューターまで

勝田敏彦

「でたらめ」の数列「乱数」は規則性がなく、まとめられないことにこそ価値がある。サイコロや銅銭投げにはじまり今やインターネットのゲーム、コロナ治療薬開発、量子暗号などにも使われる最新技術だ。この優れものの知られざる正体に迫り、可能性を探る科学ルポ。

不思議な島旅
千年残したい日本の離島の風景

清水浩史

小さな島は大人の学校だ。消えゆく風習、失われた暮らし、最後の一人となった島民の思い――大反響書籍『秘島図鑑』（河出書房新社）の著者が日本全国の離島をたずね、利他的精神、死者とともに生きる知恵など、失われた幸せの原風景を発見する。